*En defensa de la Transición*

TERESA FREIXES

# *En defensa de la Transición*

## La importancia del consenso de 1978 y su adaptación a los nuevos desafíos

Prólogo de Alfonso Guerra

ALMUZARA

*A quienes hicieron posible la Transición.*
*A los que no la vivieron, esperando un*
*futuro más prometedor para ellos.*

Primera edición: junio de 2024



Editorial Almuzara • Pensamiento político
Director editorial: Antonio Cuesta
Editora: Ángeles López
Corrección: Mónica Hernández
Maquetación: Joaquín Treviño

www.editorialalmuzara.com
pedidos@almuzaralibros.com - info@almuzaralibros.com

Editorial Almuzara
Parque Logístico de Córdoba. Ctra. Palma del Río, km 4
C/8, Nave L2, nº 3. 14005 - Córdoba

Imprime: Gráficas La Paz
ISBN: 978-84-10520-74-5
Depósito legal: CO-952-2024
Hecho e impreso en España - *Made and printed in Spain*

# Índice

# *Prólogo*

No se puede elegir el tiempo en que vivimos, pero sí se puede elegir la respuesta que damos a ese tiempo que nos ha tocado vivir. En los años setenta del siglo pasado una generación optó por dar una respuesta inédita en nuestra historia: frente a la confrontación, el pacto. Una generación que se sabía destinada a cerrar un capítulo ominoso de la historia de España y que no pensaba en la revancha sino en una España cívica, humana. Y si para ello había que empujar hacia la convivencia y la tolerancia, hagámoslo; esa fue la divisa del momento y del lugar.

No fue fácil, los españoles, a través de la historia, habían dado muestras de su preferencia por la encrucijada, por los instantes en que el destino vacila. Ha sido siempre España inconforme con la realidad y soñadora de un ideal. Es la lucha continua de lo real con lo ideal.

España era aún la potencia más importante del mundo y ya hablábamos de decadencia. Un sentimiento de decaimiento se va instalando en la conciencia de los españoles. Existe un *Memorial*, de 1600, firmado por González de Cellorigo, en el que advierte de que los tiempos presentes sabemos que son peores que los anteriores. Dirá: «Ha llegado el momento que todos juzgamos como de peor condición que los anteriores». Quizás era una remembranza de la expresión del poeta Jorge Manrique en el siglo xv:

Cómo a nuestro parescer
cualquier tiempo pasado
fue mejor.

La palabra decadencia dominará los textos durante dos siglos. En el siglo XVIII y sobre todo en el XIX y comienzos del XX se alzan obstáculos insalvables en el camino de la modernidad. Se forjan alianzas entre el trono, el altar, el sable y las grandes fortunas agrarias. Se suceden algunos intentos liberalizadores como las Cortes de Cádiz, la Institución Libre de Enseñanza y los regeneracionistas de final del siglo XIX, que no tendrán continuidad. Llegará la depresión del 98, la dictadura de Primo de Rivera, en 1931 la ilusión de un nuevo régimen la II República, el golpe de Estado de 1932, la revolución del 34, el golpe militar, la Guerra Civil, el exilio y la dictadura del general.

A la muerte del dictador, el destino vacila: ¿qué ocurrirá?, ¿caerán los españoles de nuevo en una confrontación que los precipite a una tumba de muerte y dolor o encontrarán una vía de entendimiento y consenso? Hombres y mujeres, que tenían profundas diferencias, escucharon la voz de la sociedad que clamaba por el acuerdo antes que por la conflagración. Los unos y los otros renunciaron a parte de sus ideas, a cambio de encontrar un punto común que les permitiera la convivencia en paz. Ese espacio común fue la redacción de la Constitución de 1978, posiblemente el más importante documento escrito por los demócratas españoles de todos los tiempos.

Como todos conocen sólo puede hablarse de Constitución y constitucionalismo a partir de un momento histórico muy concreto: el determinado por las grandes revoluciones liberal-burguesas americana y francesa, de finales del siglo XVIII. Fue entonces cuando, con la confrontación de los principios teóricos de la ideología liberal encarnada en la obra de Montesquieu, y los del pensamiento político democrático, magistralmente formulados por Rousseau, hicieron su aparición en la historia los primeros textos constitucionales. Textos que asumen la convergencia de los tres principios básicos del constitucionalismo contemporáneo: el principio democrático, basado en la afirmación de que el titular del poder constituyente es el pueblo; el principio liberal, basado en la defensa y garantía de los derechos y libertades de la persona mediante la declaración de derechos y la separación de poderes; y el principio de la prevalencia constitucional, que afirma la sujeción de gobernantes y gobernados y del resto de los poderes constituidos y de todos sus productos normativos a la Constitución.

Si me lo permiten les diré que, en el caso de la Constitución de 1978, el texto normativo encierra otro criterio de gran valor político, histórico y social. La Constitución de 1978 es un acta de paz, un armisticio, es el cierre definitivo de una guerra civil, de una larga dictadura y de dos siglos de enfrentamientos.

La historia constitucional española había sido una historia de constituciones de media España contra la otra mitad. Eran constituciones de unos partidos contra otros. En la transición de la dictadura a la democracia se buscó un acuerdo que permitiera el juego democrático de todos.

La lectura del libro, claro, sencillo, pedagógico y necesario de Teresa Freixes me ayuda a creer que pertenecemos a esos espíritus libres que, desde la Institución Libre de Enseñanza a la Constitución de 1978, combatieron día a día por construir una España libre, democrática, laica, moderna, pionera, abierta y progresista.

Nuestra Constitución fue apoyada por casi el 90% de los ciudadanos, con alegría y esperanza; una constitución para la libertad, para la democracia, para el futuro.

Han pasado 45 años y aquel texto aceptado por todos con entusiasmo pasa por un tiempo en el que algunos, especialmente los que conforman la élite política y social, actúan y se manifiestan con indiferencia, y aun con desprecio, respecto a la norma que regula nuestra convivencia. Las actitudes contrarias a la Constitución no son una novedad. Sí lo es la reacción, cuanto menos tibia, de algunos políticos, algunas autoridades y de otros opinantes en los medios de comunicación.

Si digo que no es nuevo es porque la Constitución ya tuvo que soportar, sólo tres años después de su aprobación, un intento de golpe de Estado que se saldó con el enjuiciamiento y prisión de los sublevados, nostálgicos de la dictadura. Durante muchos años la Constitución ha resistido los embates del terrorismo, que nació contra el franquismo, pero que redobló su acción criminal contra la democracia, nostálgicos ellos también del totalitarismo.

El último atentado contra la Constitución, entiéndase contra la libertad y la democracia, ha sido perpetrado por el nacionalismo independentista.

Cuando el 23 de febrero de 1981 un grupo de militares y guardias civiles rompen las reglas de la Constitución secuestrando al Parlamento y al Gobierno, la reacción contra los golpistas fue unánime. Los reiterados intentos del terrorismo tuvieron siempre el rechazo general. Sin embargo, la violenta ruptura del orden constitucional, perpetrada por el independentismo en Cataluña, ha tenido una respuesta escasamente constitucional, carente de las exigencias de los principios democráticos.

Es esta situación la que lleva a Teresa Freixes a alzar la voz en defensa de la Transición, en defensa de los principios que consagra la Constitución, que, sin duda, representan lo más generoso, lo más noble, que llevó a sellar un acuerdo que ha proporcionado estabilidad, respeto y progreso al conjunto de la nación.

Y como lo cree firmemente y contempla con creciente inquietud cómo algunos quieren derribar esa obra, reacciona desplegando las virtudes que la Transición y la Constitución atesoran. Lo hace desde un conocimiento teórico del derecho, pero sobre todo desde la convicción de ciudadana cuya conciencia está despierta ante los ataques a la Constitución, que podrían derivar hacia la desaparición del Estado, la pauperización de la sociedad y la vuelta al cainismo histórico de la política española.

Fue la de 1978 una generación que comprendió que la preservación del prestigio de las instituciones es la garantía del mantenimiento de la democracia. En caso contrario se llega a situaciones absurdas como que haya actores políticos que pretenden gobernar España, pero no pueden utilizar su nombre porque les provoca una reacción alérgica. O el espectáculo que los partidos políticos escenifican en el Congreso de los Diputados. Y cuando se acepta lo absurdo sin reaccionar es signo de una sociedad en decadencia.

Producida una disparidad entre el *demos* y la ley, entre lo que proclama la mayoría y lo que dicta la ley, es esta la que tiene prevalencia. Sólo una mentalidad totalitaria puede sostener que, lo que establece la mayoría, sea prevalente sobre la ley. Esa convicción es el legado de aquella generación del tránsito a la democracia, a la libertad.

Hemos vuelto al debate que vivió Europa en los años 30 del siglo XX acerca de la naturaleza de la democracia, representativa como preconizaba Kelsen o aclamativa como propugnaba Karl Schmitt, de relación directa líder y pueblo, sin mediación deliberativa, el decisionismo del líder en el que se apoyó el naciente partido nazi. Hoy las posiciones de ambos lados del espectro ideológico se han radicalizado, mostrando nulo respeto a la norma y a la institucionalidad. La sociedad dividida; los bloques. Se alimentan de un falso discurso moralista que se olvida de la utopía de ciudadanos universales e iguales, para retroceder al tribalismo nacionalista. Permítanme una breve cita de Varela Ortega: «un discurso más interesado en identitarismo que en la semejanza, centrado en etnias, en lugar de la humanidad; en el nacionalismo, antes que el internacionalismo; que trafica igualdad por privilegio; que traduce diferencia cultural en desigualdad sociopolítica, confundiendo el derecho a la diferencia con la diferencia de derechos; que promueve derechos históricos a costa de los individuales; que habla de territorios, en vez de ciudadanos libres e iguales; que, en lugar de exigir el derecho a la igualdad, calcula balanzas fiscales, que no impuestos individuales y progresivos. Una deriva, en fin, que, en lugar de relegar la lucha de clases al respetuoso desván de los recuerdos, la ha sustituido —como bien dice Gabriel Tortella— por la lucha de sexos».

La trayectoria de Teresa y de muchos de los lectores de este libro recorre el camino que, en palabras del profesor Elías Díaz, va de la Institución a la Constitución. Del espíritu de los hombres de la Institución Libre de Enseñanza (1876), Giner de los Ríos, Bartolomé Cossío, Antonio Machado, Fernando de los Ríos hasta la Constitución de 1978, el pacto de la sociedad española consigo misma para aprobar un acuerdo general para la convivencia. Los protagonistas principales de aquel hallazgo histórico, el consenso, fueron los ciudadanos de España que descubrían el valor de la libertad y empujaban a todos a consolidarla. Algunas individualidades tuvieron también una participación especial. Citaré sólo algunos nombres que no agotan la nómina: Adolfo Suárez, Felipe González, Santiago Carrillo, el cardenal Tarancón, Fernando Abril Martorell, el rey Juan Carlos.

En los últimos años los hechos políticos, las actitudes morales, las consecuencias de las decisiones adoptadas, han repercutido con fuerza sobre la realidad política, social, económica, cultural y mediática.

Los cambios han sido importantes, sobre todo si consideramos que la sociedad española, como el mundo, ha soportado una pandemia que ha provocado un número terrorífico de muertes, aún muchos más enfermos, y que ha sometido a los ciudadanos a un confinamiento muy duro, que les ha hecho reconsiderar su vida al verse durante un tiempo considerable encerrados, en muchos casos en viviendas pequeñas que no favorecían la convivencia.

Tras un gobierno de la indolencia —etapa de Mariano Rajoy—, España ha estado gobernada por un equipo ministerial enfebrecido por los cambios.

La decepción ante los pactos con Bildu y la inquietud ante la cesión permanente a los condenados por sedición y malversación ha generado un malestar inmenso en los que creen en una España democrática y progresista.

Los aliados con el Gobierno hacen bandera de la denigración de la Transición.

Se inventan falsedades que repetidas al infinito terminan por calar en la conciencia de muchos, sobre todo los que no vivieron aquellos acontecimientos. Los mitos sobre un supuesto pacto de silencio, la desmovilización de la clase trabajadora y el pretendido trágala de la ley de Amnistía de 1977 van erosionando la fe en las instituciones. Son negacionistas de la Transición, por encima de todas las evidencias. Cuando se aprobó la Constitución, lo fue con el 92% de los diputados; hoy se sientan en el Congreso un 30% de diputados contrarios a nuestra Norma básica.

Se sostiene desde posiciones conservadoras que en la Transición se fue demasiado lejos, que hubo demasiadas concesiones; desde posiciones progresistas se opina que no se llegó todo lo lejos que se debía. Y los unos y los otros justifican que no pudieron detener los avances o ir más allá a causa de la relación de fuerzas del momento. No es una razón convincente. Se hizo lo que necesitaban España y los españoles. Un poco más allá no hubiera contado con la España conservadora, un poco más acá no hubiera tenido la aprobación de la España progresista. Precisamente se trataba de lograr la convivencia y el respeto mutuo de las dos.

Funciona hoy una influencia perniciosa, de un cierto nihilismo, que afecta a muchos actores políticos y que se difunde, no sin frivolidad, a través de los medios. Razones para la inquietud existen, la calidad de nuestra democracia ha descendido varios peldaños hasta situarse en una llamémosle democracia tautológica en la que los argumentos se sustituyen por eslóganes de repetición: No es no, Sí es sí. Nivel de guardería, vamos.

Mientras tanto las instituciones básicas del Estado democrático se ven cada día zarandeadas, no por comandos fuera del sistema sino por los representantes políticos y altos cargos de gobiernos autonómicos o de la nación.

¿Alguna vez escucharemos razonar en el PSOE por qué les resulta más fácil llegar a acuerdos con los populistas, separatistas y herederos del terror que con el PP? Y a este partido, el PP ¿los oiremos exponer qué razón le hace más fácil pactar con la derecha extrema que con el PSOE?

Estoy convencido de que es preciso redoblar los esfuerzos para llevar a amplios sectores de la población lo que significó la Transición en la historia de un país tan atormentado políticamente durante siglos. Se hace necesario mostrar la vigencia del espíritu del consenso de la Transición.

A la vista de lo que hoy pasa, bien merecen un elogio los dirigentes que lograron una constitución que ha dado como resultado el periodo democrático más largo y fructífero de nuestra historia. La estrategia de división en bloques con un muro que marca la frontera de amigo/enemigo es un peligroso retroceso en la etapa democrática en España.

Teresa Freixes nos lleva a recorrer, con rigor y precisión, el viaje que España emprendió en 1978, transformando una realidad que salía de la oscuridad, para construir una sociedad en la que la libertad y la democracia se implantó sin violencia, para asombro de muchos en todo el mundo. Yo mismo, junto a otros, acudí a explicar en países europeos y americanos la experiencia de la transición política española, respondiendo los que nos escuchaban con un entusiasmo que hoy resulta extraño dada la evolución de los partidos políticos, los periódicos y los intelectuales en España.

El instrumento fundamental de aquel esperanzador cambio fue el texto de la Constitución de 1978 que, por su método de elaboración, mediante un tan gran acuerdo, como por su contenido inauguraba un nuevo tiempo para la nación.

Hoy, los detractores del texto constitucional reescriben la historia de aquellos años. Teresa Freixes desmonta todas las falsas argumentaciones que nacionalistas y radicales populistas han forjado para desacreditar la democracia de la que se valen para sus injustificados ataques.

Defiende Freixes la Constitución con tenacidad, con rigor, con un gran conocimiento del derecho y expone también la necesidad de su reforma. Creo interpretar que más que la reforma de la Constitución propugna reformas en la Constitución. Quiero decir que, a mi parecer, no estamos necesitados de una reforma general, un proceso constituyente, pero sí de ajustar algunos preceptos que deberían ser reformados para evitar el anquilosamiento del texto constitucional.

Tampoco olvida Freixes que algunas leyes están desvirtuando la conformación de mayorías democráticas, porque dan prioridad a la representación de los territorios por encima de la voluntad de los ciudadanos. Se refiere Freixes a las poco democráticas leyes electorales que, en algunas comunidades autónomas, impiden que la representación política responda adecuadamente a la voluntad general.

El libro de Teresa Freixes es una encendida defensa del Estado de derecho; describe, además, con agudeza la deriva no democrática de los que amparan la prevalencia de la política sobre la ley, y fija los principios asumidos por las democracias consolidadas, a la vez que denuncia la evolución de la élite política que no respeta las reglas democráticas, para imponer sus intereses sobre el interés general. La vieja táctica del victimismo ha llevado a nuestros políticos a pretender la inmunidad, cuando los delitos son cometidos por políticos. Toda actuación de la justicia cuando el sujeto incurso sea un político es rechazada bajo el falaz argumento de que la acusación es judicializar la política; incluso los delitos económicos, la corrupción, la malversación pretenden que no puedan castigarse por la justicia, bajo la delirante excusa de que se trata de una persecución política. Y lo que es aún más grave. la respuesta de los poderes públicos: la inmunidad para los políticos, mediante derogación de delitos, amnistía y amortiguación de las penas. Es en la lectura del libro donde encontrarán la arquitectura constitucional convincente por real y verdadera, que despejará cualquier duda sobre lo que está ocurriendo en materia de legalidad democrática.

Invito encarecidamente a leer este extraordinario libro de Teresa Freixes, encontrarán la historia viva de nuestra democracia, podrán armarse de argumentos imbatibles frente a los detractores de la democracia española construida entre todos, incluidos los que hoy abominan de lo que hicieron. Rendirán, además, un homenaje a una mujer cuya determinación en defensa de la democracia y la verdad merece un reconocimiento de todos los hombres y mujeres que creen en la libertad, pues en ella tenemos a quien mejor la defiende. Sus misiones internacionales, sus intervenciones en las instituciones europeas, sus conferencias, sus participaciones en foros, sus artículos, sus libros, como el que presentamos, le hacen merecedora de nuestra admiración —desde luego la mía—, y aprecio.

Una última consideración: este es un libro que debería ser de lectura obligatoria en los cursos del bachillerato de todos los institutos. El futuro de España sería mejor.

Alfonso Guerra

# Capítulo 1

## *De dónde partimos y cómo lo hicimos*

No recuerdo muy bien si fue en el 87 o en el 88, pero sí que era el puente de la Constitución, en un diciembre soleado, en el que, como acostumbro a hacer de vez en cuando, recorría en solitario, en coche, por carreteras secundarias, lugares que tuvieran cierto significado para mí. En aquellos días había tenido diversas conversaciones con mi padre acerca de lo que había sucedido en varias poblaciones, en las que personas que conocíamos vivieron episodios significativos durante esa fatídica Guerra Civil, de triste recuerdo en tantos ámbitos. Y el recuerdo de lo hablado me había llevado a dirigirme, desde Lérida a Mequinenza y de allí a Belchite, en el corazón de la Batalla del Ebro. Quería llegar, por otras razones, hasta Morella, en el Maestrazgo, para terminar mi periplo en el mar, al norte de Castellón y llegar por la costa a Barcelona. Tenía por delante cuatro días en los que pensar sobre los escenarios vitales pasados en esos lugares, para escribir sobre ellos, proyectándolos hacia el futuro, en fuerte contraste, desde esas ruinas que se erigen, en perenne recuerdo del odio cainita, hacia la luz y el sol de un Mediterráneo que simbolizaba esa nueva España que, creíamos, había cerrado las heridas del pasado.

El paisaje era invernal, pero soleado, serpenteaba entre lomas y bosquecillos e invitaba a la reflexión, porque terminándose la primera década de vigencia de la Constitución, ver las ruinas de Belchite, imaginar lo que había pasado allí en esos momentos, cuando el reclutamiento territorial había situado a cada combatiente en un bando, al que quizás no se hubiera adscrito por posición personal... comparar eso con lo que vivimos durante la Transición, durante la constituyente, durante el primer desarrollo constitucional, incluso durante el tardofranquismo que posibilitó el avance hacia la entente que presidió todo aquello... el contraste era palpable. Yo podía, en esos momentos, transitar amigablemente, con toda libertad, por todo ese territorio que había sido regado con tanta sangre.

¿Qué es lo que lo había permitido? Jurídicamente un texto constitucional que ha sido un referente mundial hasta que, a unos cuantos les ha interesado desacreditarlo, porque no les sirve para sus fines espurios. Socialmente, un abrazo, como el del cuadro de Genovés que se exhibe en el Congreso, en el que nos fundimos españoles de dentro y de fuera, de izquierda y de derecha, del centro y, creíamos, de la periferia... Económicamente unos Pactos de la Moncloa en los que sentamos las bases del diálogo social y del tránsito de la economía hacia la modernidad. Queríamos vivir en democracia y queríamos homologarnos con los demás países de Europa. Y, en aquellos momentos, en aquella carretera, ante aquellas ruinas, pensaba que lo habíamos conseguido.

Pero, ahora, resulta que nos dicen que todo eso no sirvió para nada, que fue una rendición ante la derecha capitalista, que fue una claudicación para mantener el franquismo y que la Constitución no nos representa porque la mayor parte de la población española actual no la ha votado. También nos dicen que nadie votó la monarquía, que no se respetó a las minorías, que los preceptos constitucionales justifican el olvido de lo social y que no se tuvo en cuenta el contexto plurinacional de España. O que hemos ajado la soberanía nacional transfiriéndola a una Europa que lo es todo menos democrática y que está al servicio de las multinacionales del neoliberalismo salvaje que la preside.

Y nos bombardean continuamente con este tipo de eslóganes, por todos los medios. Nunca he visto tanto *experto de facto* en Derecho Constitucional en las televisiones como en estos momentos. Por muy respetable que sea la libertad de expresión, que lo es, el uso de declaraciones de *influencers* deportivos, circenses y demás mediáticos, presentadas como si de expertos en el tema se tratara, está haciendo más daño que otra cosa a la propia libertad de expresión. Porque no se trata de ejercitar la libertad de expresión, sino del derecho a la información veraz, que está conectada con la primera, pero que no es lo mismo. Cuando alguien, que no conoce técnicamente un tema aparece ante la opinión pública como un oráculo, está haciendo un flaco favor a su propia causa. Yo no conozco más que como aficionada —y soy muy poco aficionada al deporte-espectáculo pues he preferido practicarlo—, el reglamento de la UEFA, por lo que me abstendré de realizar declaraciones sobre la interpretación y aplicación del mismo o sobre la Superliga. Pues se podrían aplicar el mismo lema quienes se creen más papistas que el papa en cuestiones que no conocen ni por el forro.

Con todo lo que estamos viviendo en estos tiempos, da la impresión de que hemos sido raptados por los populismos, los nacionalismos, la crisis, la tergiversación de los conceptos o, entre otras, la disolución de las antiguas certezas en las procelosas aguas de procesos mal llamados democráticos, en los que en vez de situarnos en el gobierno de la mayoría, respetando a la minoría o minorías, nos hallamos sujetos a la tiranía de las minorías, que se imponen a la mayoría bajo falsos rótulos de progresismo, pluralismo o diversidad.

Evidentemente, es necesario, en todos los sistemas parlamentarios, que el gobierno se forme a partir de la mayoría y, desde Rudolf Smend y otros teóricos del período de entreguerras del pasado siglo como su discípulo Konrad Hesse, también es conveniente que esa mayoría se obtenga con el método del consenso, evitando una política de bloques, para que la comunidad, toda ella, no sólo una parte, pueda ser gobernada mediante una mayoría de integración. Ello parece haberse olvidado en estos tiempos, difíciles, que estamos atravesando, cuando, ante los recientes resultados electorales, da la impresión de que lo que se trata es de lograr que se forme una mayoría numérica, al modo del peor Schmitt, de cualquiera de los dos bloques en los que parecen querer dividirnos los *opinadores* de turno, dirigida a formar un gobierno que no represente al conjunto de la gran mayoría social sino, en cada bloque, sólo a quienes han votado a los partidos que lo integran.

La Constitución española de 1978 ha cumplido 45 años. En un contexto difícil, quizás el más difícil de su existencia. Nació frutó del consenso, del acuerdo y de la reconciliación nacional, habiendo obtenido una amplia aprobación política y social. Incluso creímos que se había dado una respuesta adecuada a las reivindicaciones históricas de los nacionalismos periféricos. La Transición a la democracia que la hizo posible respondió a pactos profundos y, aunque alguna influencia tuvieron en ello las democracias en las que nos mirábamos, fueron factores mayoritariamente internos los que facilitaron tal tránsito.

Pero, hoy en día, aquello que constituyó un hito, incluso entre las democracias europeas, porque no resultó ser fruto ni de una victoria militar, como sucedió con la derrota de los fascismos en la Segunda Guerra Mundial, ni de una respuesta a los problemas externos creados por los autoritarismos en Grecia y Portugal, está siendo contestada desde nacionalismos y populismos de distinto signo, dedicados a liquidar «el régimen del 78». Nos encantó la revolución de los Claveles portuguesa y celebramos el fin de la dictadura de los coroneles griega; en ambos casos un conflicto con gran protagonismo militar encauzó la llegada de la democracia. También fue fruto de una victoria militar la restauración de la democracia en diversos países europeos. Pero no en nuestro caso. La política de «reconciliación nacional», proclamada por el Partido Comunista de España en su declaración de junio de 1956, en la que manifestó solemnemente estar dispuesto a contribuir sin reservas a la reconciliación nacional de los españoles, a terminar con la división abierta por la Guerra Civil y mantenida por el general Franco. Esa política convergió con los acuerdos derivados del Contubernio de Múnich, en 1962, protagonizado, entre otros, por liberales, democristianos y socialistas. El franquismo, contrariamente a lo que algunos manifiestan hoy en día, faltando a la verdad, consciente o inconscientemente, murió con Franco. Con Franco en su cama, pero murió con Franco. Lo sabemos bien, tanto los que defendíamos la ruptura como los que pregonaban la reforma. Converger en la Platajunta, preparar los Pactos de la Moncloa, la ley para la Reforma Política y las elecciones del 15 de junio de 1977, no fue tarea fácil para nadie, pero los resultados están ahí, haciendo honor a una ciudadanía que respaldó sabiamente el proceso en un contexto extremadamente difícil.

Tuvimos muy en cuenta, para fraguar la política de consenso, lo que había sucedido en Francia y en Italia tras la Segunda Guerra Mundial. En Francia se aprobó un primer texto constitucional, de esos que enfrentaban, prácticamente al cincuenta por ciento, a la sociedad francesa, que la rechazó en referéndum y se tuvo que elaborar otro texto constitucional que pudiera ser aceptado por una amplia mayoría política y social. En Italia, que observaban lo que sucedía en Francia, no quisieron basar la Constitución en la confrontación desde el principio, y fueron buscando mayorías de consenso que permitieran el respaldo social. Finalmente, fueron constituciones de consenso las que se adoptaron para dejar atrás fascismos, totalitarismos y nacionalismos excluyentes.

Olvidan, los pretendidos liquidadores de nuestro sistema constitucional, que España tiene una Constitución que ha sido también un modelo en la transición a la democracia de numerosos países de Europa del Este, hoy muchos de ellos también miembros de la Unión Europea. También ha tenido su influencia en diversas transiciones en América Latina, cuando en estos países el «constitucionalismo bolivariano» o los populismos extremistas no hacían su agosto. Incluso en diversos lugares de Asia y África nos han tomado como modelo.

Olvidan, también, que, pese a todo, España ha avanzado en los índices de democracia analizados por rigurosos equipos e instituciones. *The Economist* la llegó a situar dentro de las 20 democracias plenas, aunque ha ido descendiendo un tanto, sin salirse más que brevemente del grupo de cabecera, a medida que los avances conseguidos se han ido poniendo en riesgo. Y a pesar de ello, desde el secesionismo y desde cierto populismo izquierdista, se insiste en que continúan en ella los «tics franquistas» cuando la mayor parte de quienes ello afirman ni vivían durante el franquismo y, en los más de los casos, cuando por edad sí pudieron conocerlo, no se les recuerda en la oposición a tal régimen.

Esos desconocedores de la realidad no reconocen, por supuesto, los avances económicos y sociales que, desde los Pactos de la Moncloa, nos han situado, a lo largo de los años, precisamente por el acuerdo o consenso que generaron entre los agentes sociales, dentro de los países *apetecibles* para invertir y, sobre todo, para vivir. Pretenden un desmantelamiento del sistema constitucional, mediante distintas iniciativas, que convergen en la pretensión de declarar periclitado el sistema que se diseñó en la Constitución de 1978, para sustituirlo vaya Vd. a saber por qué tipo de régimen. Las iniciativas son variadas, pues van desde la reinterpretación de las normas constitucionales haciéndoles decir lo que no dicen, hasta la instauración de mecanismos informales en sustitución de las previsiones legalmente establecidas para tomar decisiones, pasando por la apelación directa a un hipotético *pueblo* que tiene que ser *consultado* sin debate racional previo. Incluso pretenden que amnistiemos a los golpistas (y a su entorno) que pusieron en jaque al sistema en Cataluña quebrando todos los principios básicos de un Estado de derecho y, finalmente se ha comenzado a investigar seriamente, cómo poniendo en riesgo a la propia Unión Europea mediante los lazos que el secesionismo ha establecido con la Rusia de Putin, sendas alianzas con lo más nefasto para las democracias sobrevuelan nuestra política como espadas de Damocles sobre nuestras cabezas.

Ciertamente, esta Constitución debe ponerse al día, que no es lo mismo que ser liquidada o sustituida por otra. Las constituciones son normas con voluntad de permanencia, que no deben, al mismo tiempo, petrificar lo que convendría ser cambiado. Ella misma, la española, prevé que pueda ser reformada, con distintos procedimientos según la parte que se desee reformar. Pero siempre mediante amplias mayorías, buscando, con ello, la *centralidad* que presidió su adopción. Esa *centralidad* que le permitió también incorporarse a las organizaciones internacionales y europeas. Esa *centralidad* que es negada por la deslealtad constitucional de quienes quieren imponer, sin tener de su lado ni la legalidad ni la legitimidad, la ruptura del sistema democrático del que nos dotamos y al que la gran mayoría no quiere renunciar.

Afirmo que la gran mayoría no quiere renunciar a la democracia constitucional que está vigente, porque así se aprecia en los repetidos resultados electorales. Una gran mayoría representa esa centralidad y ello debería ser así entendido por las fuerzas políticas que son protagonistas, por efecto de la democracia representativa, de los avatares de la actual vida política. Hemos tenido que realizar elecciones demasiado frecuentes porque los grandes partidos no han sabido, o no han querido, consolidar unos acuerdos básicos alrededor de lo que nos une. Cada vez que no han tenido mayorías absolutas para la investidura, los presupuestos o las grandes leyes, no han querido, o no han podido, explorar opciones compartidas que permitieran dotar de estabilidad al sistema y han *comprado* (a base de acuerdos muchas veces lesivos para el interés general) los votos necesarios a nacionalismos periféricos de todo tipo que, lógicamente, se los han cobrado con creces, rechazando la cooperación y exigiendo reivindicaciones insolidarias.

No se dan cuenta, estos partidos, del gran valor que la Constitución supuso para poner en marcha la democracia a partir del consenso. No se dan cuenta de que la miopía política y el cortoplacismo, dividen a la sociedad y permiten que la igualdad de derechos, el respeto a la libertad, la eficacia de los servicios y, en suma, la garantía de la dignidad de todas las personas, quede puesta en entredicho desde opciones políticas que, sin tener mayoría social, como sucede en Cataluña, configuran una mayoría política gracias a un modelo electoral periclitado, que prima desproporcionadamente unos territorios sobre otros. No se niega que se pueda otorgar una cierta ventaja a las zonas menos pobladas que evite discriminaciones, pero sí que tal ventaja pueda llegar a originarlas precisamente por no respetar la proporcionalidad, rebajando la calidad del voto, tal como sentenció el Tribunal Supremo de los Estados Unidos en casos semejantes.

No se entiende, tampoco, cómo y por qué esas fuerzas políticas que también tienen su representación en el Parlamento Europeo, consiguen ahí, al menos hasta hace muy poco, acuerdos estables entre ellas y sus homólogas del resto de los Estados miembros de la UE y, en cambio, se niegan rotundamente a ello en el Congreso de los Diputados y el resto de instituciones españolas. Digo hasta hace muy poco puesto que, en la actualidad, incluso este ámbito se inclina hacia postulados populistas y nacionalistas, poco acordes con el espíritu europeo. La UE considera a nacionalismos y populismos como la mayor amenaza a la que tiene que enfrentarse esta Europa democrática que estamos construyendo desde que, en 1949, en el Congreso de La Haya se decidió que el frontispicio europeo estaría constituido por el Estado de derecho, la democracia y los derechos humanos.

Por ello no se entiende, tampoco, lo que se pretende desde los populismos que están recorriendo el mundo, dejando atrás los pactos civilizatorios, para imponer artificiosos modelos sociales mediante políticas periclitadas, sustituyendo la razón por la emoción y dividiendo a las sociedades de forma casi irreconciliable, además de destruyendo la economía e introduciendo la mayor arbitrariedad jurídica alrededor de eso que denominan «pluralismo jurídico», que no es más que la consolidación de la desigualdad y la injusticia. En nombre de ese «pluralismo jurídico», que quieren fundamentar en costumbres ancestrales autóctonas, he visto, al otro lado del Atlántico, cómo consejos de ancianos condenan a muerte, y vecinos armados ejecutan las sentencias; he visto también cómo se repudia a quienes no siguen lo que consideran *sagrado*, formando familias mixtas no tribales, que tienen que huir para sobrevivir… Y algunos proclaman que hay que reformar la Constitución para introducir la plurinacionalidad y el pluralismo jurídico.

¿Que tenemos que reformar la Constitución? Pues claro. Hace ya años que hubiera tenido que adecuarse a las nuevas realidades en aquellos aspectos que, o no pudieron cerrarse adecuadamente en la constituyente, o precisan de una actualización. Entre ellos, aunque no los únicos, los que derivan de nuestra inserción en Europa. Pero no es lo mismo reformar que dinamitar. La reforma es necesaria, como refuerzo de los valores y puesta al día de las instituciones.

A tratar de razonar en qué casos, por qué y cómo, me voy a dedicar en los siguientes capítulos.

# Capítulo 2
## *Los riesgos para el Estado de derecho y la (des)lealtad constitucional*

«Tenemos que devolver a la política lo que nunca debió salir de ella» repiten hasta la saciedad quienes tienen como lema la supremacía de la política por encima de la ley. La política todo lo puede y, si la Constitución no nos permite hacer tal o cual cosa es que es antidemocrática, porque hemos de poder hacer lo que *la mayoría* queramos. Volvemos al terreno, ya explorado durante el período de entreguerras del siglo pasado, en el que mayorías parlamentarias exiguas decidieron, democráticamente y unilateralmente, que la voluntad de unos pocos tenía que prevalecer sobre los derechos constitucionales de la mayoría. Total, eso no respondía a las necesidades de los iluminados que ocuparon los gobiernos Y así se prefiguraron los totalitarismos que condujeron a la mayor conflagración bélica que el mundo había experimentado hasta el momento. *Déjà vu*, que diríamos.

La gran diferencia es que, si en aquellos momentos fueron los partidos fascistas o el nacionalsocialismo quienes conformaron las estructuras del poder, actualmente son partidos pretendidamente progresistas los que, en nombre de no se sabe qué democracia, abandonan la senda de la ley para justificar las mayores aberraciones jurídicas.

Porque no es otra cosa que una aberración jurídica pretender que la voluntad popular esté por encima de la ley, máxime cuando ni tan siquiera es la voluntad mayoritaria. Y aunque lo fuera.

Digo y aunque lo fuera, porque la democracia, como ya nos dijeron los antiguos griegos, tiene sus límites. Y el principal límite se construye alrededor de lo que pueda disponer la ley, en especial la Constitución, sobre contenidos y procedimientos, democráticamente establecidos. Aquí y en todo Estado de derecho, desde que este concepto apareció en la teoría del Estado o en la teoría constitucional.

Tanto es así que, cuando hemos formado una organización supranacional, como es la Unión Europea, y la hemos hecho ir más allá de la mera unión de mercados para dotarla de una estructura más política, la hemos fundamentado en valores y, dentro de ellos el del Estado de derecho, que responde, además, a las tradiciones constitucionales comunes a los Estados miembros que la forman.

Eso es lo que queríamos instaurar cuando, todavía en el franquismo, nos fijábamos en cómo se organizaban los Estados democráticos, Francia, Italia, la República Federal de Alemania, los nórdicos… alrededor de leyes democráticamente adoptadas, sujetas a las constituciones que se aprobaron tras la Segunda Guerra Mundial, como constituciones de integración, incluso cuando el nuevo sistema nacía de una victoria bélica sobre los totalitarismos y las dictaduras. Por eso reivindicábamos el consenso frente a la confrontación, porque ello tenía que derivar en una democracia estable, para hacer que no se repitiera el fiasco de nuestra historia reciente. En los últimos siglos, cada vez que cambiaba la ideología de quienes subían al gobierno, cambiaba la Constitución. Nuestro siglo XIX y buena parte del XX sufrieron una notoria inestabilidad política, económica y social, porque nunca se consolidaron los principios políticos de integración, cosa que nos situó a la cola de las naciones en todos los ámbitos, a pesar de que, el no haber participado en las dos contiendas mundiales, permitió un cierto desarrollo económico, al poder producir y suministrar lo que los países en contienda no podían. Lo tuvimos bien en cuenta, durante la Transición y en la constituyente. De la misma manera que teníamos, y tenemos, presente que no es lo mismo un Estado con normas que un Estado de derecho. El problema aparece cuando hemos comenzado a constatar que aquello que creíamos que todos habíamos asumido, salvo contadas excepciones, en realidad no había sido interiorizado por algunos de aquellos que nos hicieron creer que sí, cuando, en realidad, ha sido que no.

Es evidente que, en la actualidad, nos hallamos ante una configuración del Estado mucho más compleja que la existente en la época de Montesquieu, cuando comenzó a hablarse de Estado de derecho. Nuevos fenómenos jurídico-políticos han estructurado relaciones funcionales y orgánicas diferentes de las clásicas. El creciente intervencionismo estatal ha facilitado la interacción entre órganos y la colaboración funcional, llegando a constituir un presupuesto intrínseco al Estado social y democrático de derecho. La adopción del concepto normativo de Constitución como fundamento de los actuales Estados de derecho ha planteado *de facto* la adaptación del principio clásico a las formulaciones jurídicas de los modernos textos constitucionales. Desde esta perspectiva, común a los Estados de nuestro entorno, no somos ninguna anomalía.

Montesquieu, examinando e interpretando el funcionamiento político de Inglaterra, imaginó un equilibrio entre los poderes, basado en la atribución del legislativo al Parlamento (en el cual estaba incluido el monarca), el ejecutivo al Gobierno y el judicial a los jueces (buscando al mismo tiempo el equilibrio entre los diferentes sectores sociales en pugna). Pero esta separación-colaboración entre poderes y/o funciones no se entendió igual en el resto de Estados que incorporaron las estructuras básicas del liberalismo. Los constituyentes norteamericanos, los padres fundadores, creyeron ver más allá de las formulaciones de Montesquieu y pretendieron establecer una separación rígida entre los poderes. Los revolucionarios franceses llegaron a definir la separación de los poderes como requisito indispensable para la existencia de una Constitución. Y, como consecuencia, el fundamento histórico y la formulación teórica subsiguiente del control judicial sobre el ejecutivo se asentaría sobre bases y con efectos muy diferentes a los del caso inglés. No digamos en Estados como el alemán, italiano y español, que tanto tardaron en estructurarse sobre las bases o la herencia del Estado de derecho. Y, para complicarlo todavía más, la aparición de las organizaciones supranacionales, como la Unión Europea, hicieron replantear esta cuestión, introduciendo un «diálogo entre los jueces» que tiene sus efectos en el control que estos realizan sobre el ejecutivo. Sobre todo porque, en la UE, la colegislación exige que los Gobiernos sean, al mismo tiempo que Gobiernos nacionales, la Cámara Alta de una estructura federativa cuya labor va también a ser controlada por el Alto Tribunal, es decir por el Tribunal de Justicia de la Unión Europea.

No existe, pues, un único modelo de control judicial sobre el ejecutivo, pero sí existe un único principio que se ha ido extendiendo por todo el mundo democrático que es el consistente en que todo ejecutivo ha de estar sometido al control de los jueces. Los jueces van a ser, en las democracias actuales, la boca que no sólo pronunciará la palabra de la ley, sino que será la última y definitiva voz que dirima los conflictos. Y, tal como sucedió en lo que en Estados Unidos se denominó «período de gobierno de los jueces», los jueces intervinieron tanto más cuanto más inútiles fueron los políticos. Porque no hay democracia sin ley, del mismo modo que no hay ley sin democracia.

Ni tampoco existe un único modelo de formación de los órganos de control judicial. En el modelo continental, aquel en el que estamos insertos, la profesionalización de la función es considerada como esencial para la independencia de los jueces, de tal modo, que el poder político no tiene que tener intervención en su nombramiento. Por eso se accede al cargo por oposición o por concurso (el caso de los tribunales constitucionales, que no son poder judicial, aunque ejercen jurisdicción, es distinto porque ahí sí que interviene el poder político en el nombramiento de sus miembros, en todos los países). En el modelo anglosajón, por el contrario, básicamente Reino Unido y Estados Unidos, la independencia se asegura mediante la valorización de la capacidad profesional precedente, la elevada preparación cultural y el enraizamiento sociopolítico con la colectividad, por lo que, quien nombre a los jueces (gobernador, elección popular, tribunal profesional o presidente de los Estados Unidos), es irrelevante a los efectos de garantizarles independencia, que es lo que en el fondo importa. En ambos modelos, lo esencial es garantizarles independencia. Sin ella, la división de poderes, intrínseca al Estado de derecho, salta por los aires.

En todos los sistemas, el principio de seguridad jurídica también es básico. Está enraizado en el Estado de derecho, Rule of Law en Estados Unidos, que conlleva el carácter normativo de la Constitución, es decir, que la Constitución es la norma suprema del ordenamiento jurídico. Ello se muestra también, según los sistemas, en una doble fundamentación. La Constitución, por una parte, es una norma que es el equivalente a la norma fundamental de Kelsen en el modelo continental o a la regla de reconocimiento de Hart en el modelo anglosajón y, en ambos casos, su eficacia es asegurada por órganos de control de constitucionalidad, los Tribunales Constitucionales o los Tribunales Supremos cumpliendo funciones de control constitucional. Incluso en el ámbito de la Unión Europea, los tratados de la Unión cumplen con esa misma función, ya que son normas que fundamentan el resto de reglas europeas y vinculan a los sistemas jurídicos de los Estados miembros de la UE, estando todo ello supervisado desde una especie de «control de constitucionalidad» que realiza el Tribunal de Justicia de la Unión Europea, asegurando la primacía del derecho de la UE.

En todo el constitucionalismo democrático, pues, existe un control de constitucionalidad que es tanto un control sobre el legislador (en cuanto al contenido de la norma) y un control sobre el ejecutivo, normalmente en cuanto al control sobre la aplicación de la misma, aunque también alcanza a las normas que emanan del ejecutivo, ya sea para garantizar su adecuación a la Constitución, los derechos fundamentales o el reparto de competencias entre los distintos niveles organizativos de los Estados complejos de nuestros días. Son, pues, los jueces quienes han de controlar a los políticos, no los políticos a los jueces. Es pues, la política quien tiene que sujetarse a la ley, no la ley a la política.

Todo ello muestra la importancia que el respeto del Estado de derecho está cobrando en el marco de las instituciones europeas. No es posible que la Unión mire hacia otro lado cuando el respeto a la ley, la seguridad jurídica, quiebre en cualquiera de sus Estados miembros. Lo está controlando en diversos casos, en Polonia, en Hungría, en Rumanía y, ahora, también en España. Desde que se introdujeron los valores en los tratados, la Unión Europea ha ganado en legitimidad, no sólo jurídica sino también política. Por ello, aunque pretendan torticeramente convencernos de lo contrario, es necesario que, cuando la política ponga en riesgo o infrinja esos valores, no reine la impunidad. Es necesario que se pueda garantizar el cumplimiento de la ley, porque ello es el fundamento de la democracia y de los derechos fundamentales.

Por eso es muy importante que contemos con instrumentos jurídicos y políticos que puedan garantizar el respeto al Estado de derecho. Nuestros constituyentes, que creyeron en la buena fe de todos los grupos políticos integrados en la cámara, seguramente pecaron de ingenuos al redactar la Constitución y no incluir en ella cláusulas que sí tienen otras, surgidas tras los totalitarismos, dirigidas a impedir que puedan validarse supuestas interpretaciones que deriven en el descalabro constitucional al que algunos quieren dirigirnos. Aunque contamos con los recursos y cuestiones de inconstitucionalidad frente a leyes inconstitucionales, aunque también contamos con el conflicto de competencias para delimitar las que corresponden al Estado y las que corresponden a las comunidades autónomas y, aunque contamos con la posibilidad de declarar los estados excepcionales frente a ataques al orden constitucional o con el procedimiento de coerción estatal sobre las comunidades autónomas incumplidoras regulado en el art. 155 CE, vistas las deslealtades que estamos apreciando, especialmente en el nacionalismo periférico, pero también en el populismo que impregna a gran parte de la pretendida izquierda, quizás sería bueno constitucionalizar el principio de lealtad constitucional como fundamento de la acción política, especialmente de los partidos que deberían basar en ella su acción en las instituciones, del mismo modo que se establece, por ejemplo, en la Constitución de Alemania.

Ello implicaría, también, el necesario respeto que los órganos políticos, el legislativo y el ejecutivo, tienen que manifestar hacia el poder judicial. El Tribunal Europeo de Derechos Humanos tiene una jurisprudencia muy consolidada al respecto. No se puede intentar desprestigiar la función judicial, no se puede insultar gravemente a la independencia judicial o a su imparcialidad, porque ello mina la credibilidad del propio sistema democrático. Esta constatación es bien conocida por el populismo imperante, que la utiliza profusamente, en su acción política, para desprestigiar a las instituciones y, especialmente, al poder judicial, porque sabe que no puede *controlarlo*. Y lo que no puedas controlar... mejor si consigues desestabilizarlo, desacreditarlo y, en el fondo, cuestionar su legitimidad ante la ciudadanía. De ahí que sea tan necesario garantizar la independencia e imparcialidad del poder judicial frente a tanto desaprensivo, que no duda en utilizar la inviolabilidad parlamentaria propia de toda democracia para lanzar infundios, acusar a los jueces de prevaricadores y señalarlos con nombre y apellidos para hacer creer a la población (otra vez *el relato*) que la democracia está por encima de la ley, que ellos son los demócratas y que los jueces son, por definición, fascistas. Eso lo hemos oído repetidamente en el Congreso de los Diputados en el debate sobre la ley de impunidad (mal llamada de amnistía).

Nos dicen, también, que los jueces son franquistas, porque no fueron depurados tras la adopción de la Constitución. Quienes lo afirman desconocen totalmente los procedimientos que se utilizan al respecto cuando un país pasa de una dictadura a una democracia. No saben que un juez no se improvisa, que su formación no surge de la nada. Tras la Segunda Guerra Mundial, en Italia, en Alemania, en Francia, en todos los países afectados por el fascismo o que fueron ocupados, fue necesario *reciclar* a los jueces. También sucedió así en Europa central y oriental tras la caída del comunismo; desde esta perspectiva, estuve trabajando con el Consejo de Europa para ello, en una decena de países. Fue un proceso largo, en el que se implicaron muchos jueces que habían hecho frente al totalitarismo y se formó al resto en los principios establecidos desde el Tribunal Europeo de Derechos Humanos y la Comisión de Derechos Humanos del Consejo de Europa. Los hubo que optaron por no seguir los cursos y el procedimiento a seguir para aplicar los nuevos criterios y fueron *reciclados* en puestos administrativos. También en España, tras la aprobación de la Constitución y nuestra inmediata integración en el Consejo de Europa, se realizó una formación y un seguimiento para que el poder judicial respondiera a criterios de profesionalidad conforme a los estándares europeos. Y se sustituyó el Tribunal de Orden Público (que era el que juzgaba los «delitos políticos» durante el franquismo) por la Audiencia Nacional, como tribunal especializado en delitos de terrorismo y corrupción económica. El mismo Tribunal Europeo de Derechos Humanos avaló esta transformación, cuando cuestionaron ante él la existencia de la Audiencia Nacional, afirmando que los tribunales especializados existen en muchos países y pueden ser necesarios para el enjuiciamiento de delitos complejos.

Sin embargo, en el marco de ese intento de desprestigiar a los jueces porque, en el fondo, lo que se quiere desde determinados sectores nacionalistas y/o populistas es no estar sujeto a norma alguna que pueda impedir o dificultar sus pretensiones, la acusación de «franquistas» es un recurso facilón para utilizar a quienes no tienen, por el motivo que sea, conocimiento fundado acerca de cómo se ha conformado el poder judicial con la Constitución de 1978. Da grima ver a escolares, ni tan siquiera universitarios, detrás de pancartas que rezan «no a los jueces franquistas». ¿Quién les ha engañado? Ni tan siquiera saben cuándo murió Franco. Y da más grima todavía cuando son diputados electos los que graznan en sus escaños, o desde el atril, contra los «jueces prevaricadores», que no son otros que los que aplican la ley cuando se cometen delitos. Cierto que quienes esto vociferan están cubiertos por la inviolabilidad parlamentaria, pero sería deseable que también lo estuvieran por una educación política que permitiera el discurso, la argumentación, no el insulto o la mentira.

Como lo que nos dicen de que el Consejo General del Poder Judicial está «caducado». Cada vez que oigo este culinario adjetivo me embriaga el desasosiego. Como cuando leo que el ministro de la Presidencia, de Justicia y de Relaciones con las Cortes (sí, el *triministro*) afirma que, en una democracia plena, «ni los jueces pueden elegir a los jueces, ni los políticos pueden elegir a los políticos» y se me caen los palos del sombrajo. Vamos, según su peregrina teoría, ¿quién puede elegir a los miembros de la Mesa del Congreso? pues los diputados estarían democráticamente inhabilitados para ello; ni, *in extremis*, podría el presidente del Gobierno escoger a sus ministros, si los políticos no pueden elegir a los políticos. No hay «caducidad» en el Consejo, sino mantenimiento de sus miembros en funciones hasta que sean nombrados quienes les sucedan, tal como dispone su ley reguladora. No es posible sostener, con un mínimo de solidez, repito, que «ni los jueces pueden elegir a los jueces, ni los políticos pueden elegir a los políticos». Precisamente la misma Constitución, mucho antes de que los estándares europeos propugnaran que, al menos la mitad de los miembros del Consejo General del Poder Judicial, fueran jueces elegidos por y entre jueces, así lo había facilitado y la primera ley reguladora de este órgano así lo había establecido; que después el legislador hubiera atribuido tal facultad a las Cortes Generales, para que estas, además de los miembros juristas (que no tienen que ser jueces), también escogieran a los miembros jueces, no contravenía, como así hace ahora, lo que se recomienda desde el GRECO, la Comisión de Venecia y la Comisión Europea para todos los países que cuenten con órgano de gobierno del poder judicial (Alemania, por ejemplo, no lo tiene). Y ello tiene su lógica, para impedir que la totalidad sea escogida en forma política o en forma corporativa. Existiendo, además, la circunstancia de que la Constitución no quiere que el mandato del Consejo coincida con el de la legislatura: si así lo hubiera querido hubiera acompasado ambos mandatos. Pero no, la legislatura, si no hay anticipo electoral, dura 4 años y el mandato del Consejo está previsto para 5.

Resulta pues que, tanto las previsiones europeas, como los mandatos constitucionales, buscan que el Consejo sea realmente un órgano políticamente independiente para garantizar un correcto desempeño de sus funciones y, por el contrario, la práctica política con la que nos encontramos va en dirección opuesta. De sobras es conocido que, a los políticos, especialmente si forman parte del ejecutivo, aunque también puede darse en el legislativo, les gustaría ostentar un cierto control sobre el poder judicial, ya que sólo sus miembros están constitucionalmente llamados a controlarles… pero lo vengo repitiendo: es la política quien está sometida a la ley, es decir, a los jueces, no los jueces, ni la ley, a la política. Ni tan siquiera es necesario modificar la Constitución en este punto, tan claramente pergeñado en los estándares europeos; lo que tiene que cambiar es la práctica de nuestros políticos.

Y la tónica informativa también debe cambiar, pues se sigue diciendo que el Consejo está «caducado», cuando la norma establece directamente que sus miembros quedan en funciones hasta que se nombre a sus sucesores. Se intenta, también, con este lenguaje, desprestigiar a los miembros del Consejo, confundiendo a la ciudadanía, haciendo que esta piense que son ellos los responsables de la falta de renovación, cuando la competencia constitucionalmente establecida para ello corresponde a las cámaras parlamentarias. Puede darse, con tanto desajuste y desasosiego, la impresión de que, los políticos, al nombrar al Consejo, se harán con el órgano, y, puede darla también, falsamente, de que con ello podrán intervenir en la administración de justicia. Así se va también deteriorando, interesadamente, la percepción que se tiene de las instituciones, en quiebra manifiesta del principio de lealtad constitucional, también en este ámbito.

Urge renovar el Consejo. Sería deseable hacerlo con una nueva regulación de la elección de sus miembros que se atenga a los estándares europeos. Nada, salvo la falta de voluntad, impide que pueda hacerse en forma simultánea. Incluso se ha involucrado en ello a la propia Comisión Europea, como facilitadora de las conversaciones; no, como algunos dicen, para sustituir a los órganos que están constitucionalmente legitimados para tomar tal decisión, sino para facilitar que puedan tomarla. Y hay que tener en cuenta, también, para diferenciar esto de otras cosas, que la Comisión Europea es un órgano europeo, pero, también, un órgano interno al que se le han transferido competencias, entre ellas, en forma compartida, la de asegurar el respeto al Estado de derecho, que está directamente relacionada con la renovación regular de los órganos constitucionales. Todo ello inserto en los principios de lealtad institucional, respeto a las normas, aseguramiento de las competencias y relación entre normas funcionalmente constitucionales, como son, por una parte la Constitución y, por otra, los tratados de la Unión Europea. Sin que la lealtad esté presente, poco se puede obtener como resultado.

Por eso, urge poner en práctica esa lealtad constitucional tantas veces vituperada. En Alemania, bajo la fórmula de lealtad federal, debido a la estructura del Estado, se establece constitucionalmente que su quiebra comporta incluso la exclusión de partidos políticos u otras organizaciones, que quedan ilegalizados cuando pretendan destruir el orden constitucional. Ello no significa que se dé un apriorismo ideológico contrario al modelo constitucional: es necesario que, además de proclamarlo, se realicen acciones dirigidas a su quebrantamiento. Es más, incluso es posible, en toda Europa, propugnar cambios radicales en el sistema constitucional, puesto que ello forma parte del derecho a la libertad ideológica y a la libertad de expresión. Lo que no es posible, siendo ello confirmado por el Tribunal Europeo de Derechos Humanos y por los órganos de control técnico como, por ejemplo, la Comisión de Venecia, es propugnar esos cambios mediante el odio y la violencia. El Convenio Europeo de Derechos Humanos legitima, en estos casos, que puedan ser incriminados penalmente los autores, siempre conforme a los principios de legalidad penal, proporcionalidad y tutela judicial efectiva. Y ello comporta el discernimiento entre expresiones pacifistas y aquellas que, siéndolo en apariencia, encubren o favorecen la realización de actos de confrontación que pueden derivar en actuaciones violentas. La democracia, el Estado de derecho y los derechos humanos, frontispicio del Convenio de Roma de 1950, deben tener una protección adecuada para no ser destruidos y la Comisión de Venecia parte de este postulado. En el marco político actual, la libertad de expresión constituye uno de los pilares fundamentales de la democracia, pero no es ilimitada. La incitación a la violencia o al odio son del todo incompatibles con cualquier tipo de propuesta política. Por consiguiente, la promoción de cambios radicales en los sistemas constitucionales es lícita siempre que se realice por cauces legítimos, alejados del discurso del odio o de la promoción de la violencia.

Tenemos que estructurar un concepto de lealtad constitucional vinculado a lo que Habermas denominó como «patriotismo constitucional», es decir, argumentando que el sistema político tenía que formarse alrededor de una identidad colectiva que se inspirase en la democracia y el respeto a los derechos humanos. Contrariamente a todo tipo de nacionalismo, los integrantes de esa identidad colectiva no se podrían basar en un sentimiento identitario, etnicista o nativista, sino en un concepto racional que les reconocía el poder elegir ser ciudadanos, no de cualquier país, sino de uno fundamentado en los principios del constitucionalismo democrático y del cual se podía, por ello, estar orgulloso. El Estado democrático constitucional ha sido, desde tal perspectiva, un paradigma con vocación universal, frente a todo nacionalismo y frente a todo populismo. Eso es lo que tendríamos que integrar en nuestro texto constitucional, proclamándolo directamente.

# Capítulo 3
## *El inacabado modelo territorial y el debate federalista*

Cuando se elaboró la Constitución las comunidades autónomas no existían. Se habían formado algunas *preautonomías*, la Cataluña de Tarradellas por ejemplo, pero no se había pergeñado un mapa autonómico, ni se había decidido qué modelo de organización territorial íbamos a tener. Habíamos defendido en la calle «Libertad, amnistía y Estatuto de Autonomía», reivindicando el que estuvo vigente durante la Segunda República. Se tuvieron en cuenta modelos de otros países y lo que, en principio, quedó plasmado en el texto constitucional fue algo parecido al de Italia, donde existe un doble orden regional: el de las regiones de estatuto especial (que tienen una cierta competencia legislativa) y las de régimen general (regiones descentralizadas, pero sin capacidad legislativa y con menos competencias de ejecución y gestión que las otras).

Por eso, lo que se hizo en la Constitución fue definir el doble modelo de vías de acceso a la autonomía, establecer las competencias exclusivas del Estado y las que podrían ser asumidas en sus Estatutos por las comunidades autónomas, además de algunos principios básicos del modelo autonómico, como fue el de la igualdad de derechos y obligaciones en todo el territorio nacional, la prohibición de obstaculizar la libertad de circulación y establecimiento, garantizar la autonomía local, habilitar las leyes básicas estatales y la transferencia o delegación mediante ley orgánica de competencias exclusivas del Estado a las comunidades autónomas o, por no ser exhaustiva en este punto, instaurar el mecanismo de coerción federal del art. 155 CE. Las comunidades que, en el pasado, hubieran plebiscitado un Estatuto de Autonomía (el País Vasco, Cataluña y Galicia), y las que optaran por el acceso a la autonomía con un procedimiento especial que comportaba un referéndum por mayoría absoluta en todas las provincias limítrofes que quisieran utilizar esa vía (caso de Andalucía, con problemas en Almería, que fueron obviados considerando que la mayoría absoluta se alcanzaba en el conjunto de la comunidad autónoma) podían acceder al máximo de competencias desde un primer momento. Ni tan siquiera se pudo hacer, para incluirlo en la Constitución, como en los Estados federales, el listado de los entes territoriales autonómicos, puesto que estaba prácticamente todo por hacer.

La palabra federal levanta ampollas por doquier. Nos las ha levantado en la Unión Europea donde, a pesar de contar con una estructura federativa, pocos se atreven a usar el vocablo. Nos las está levantando en España, donde se asimila federal a confederal, a centrifugación competencial, a caos administrativo incluso. La falta de formación en teoría constitucional, cuando no intenciones poco claras, están provocando malos entendidos y equivocaciones.

En la Unión Europea nos hemos dotado de una estructura que se inspira en el federalismo: En primer lugar, por el principio de atribución, es decir, por el hecho de que los entes que la componen, los Estados miembros, atribuyen funciones y competencias que anteriormente eran suyos a esa nueva realidad política; ello comporta la cesión de competencias soberanas a la entidad supranacional. En segundo término, porque, con los debidos contrapesos, la igualdad de derechos entre los Estados miembros y el acercamiento progresivo de los derechos de los ciudadanos constituyen ejes importantes en todo ello; incluso cuando aparecen las cooperaciones reforzadas, que implican que unos Estados pueden avanzar más estrechamente unidos en políticas concretas, ello se realiza no para disgregar las competencias de la Unión y reforzar las competencias de sus partes, sino para ir reforzándolas progresivamente, en detrimento de las que unilateralmente pueden ir tomando los Estados miembros. En tercer lugar, porque las técnicas de cooperación se estrechan cada vez más, incluso en los ámbitos en los que las competencias no son exclusivas de la UE, porque la cohesión federal va abriéndose camino, sobre todo jurídico y económico, aunque a veces sea difícil de percibirlo por quienes no son expertos en ello. Y aun así, siempre, incluso desde los federalistas europeos, utilizamos más términos como «técnicas federativas» en vez de «técnicas federales», porque el vocablo federal, como digo, levanta ampollas. Los hay, incluso, que confunden federación con confederación.

En realidad, existen múltiples tipos de federalismo y no existe hoy en día ninguna confederación que responda a la definición jurídica del término. Es, incluso, algo de mal recuerdo, la confederación, puesto que el intento de ponerla en pie en Estados Unidos terminó con una sangrienta guerra civil en la que se impuso el federalismo. Sin embargo, no es el mismo federalismo el de los Estados Unidos, que el de Alemania, que el de Austria, el de Bélgica, el de Suiza, el de México, el de Brasil, el de la India, el de Canadá, por poner unos ejemplos. En algunos países. el federalismo se basa en la transferencia de competencias antiguamente soberanas de los entes que se federan a la entidad federal; en otros, esa transferencia de competencias no alcanza tal intensidad porque en el fondo lo que se establece en ellos es un reparto competencial administrativo más que político. Todo depende de la historia de cada cual, de su propio sistema jurídico y de la práctica que se ha ido acumulando a través del hacer frente a nuevas necesidades. Pero en casi todos ellos existe un principio básico (que puede presentar tenues variantes en su concreción en dependencia de esos factores que he indicado) que es el de igualdad de derechos entre los diversos componentes de la federación, que únicamente puede tener alguna excepción, muy justificada y argumentada, si existe un acuerdo no sólo «por arriba» sino también «desde abajo». Además, toda la ciudadanía debe ser titular de los mismos derechos básicos y ello constituye un imperativo que no puede ser objeto de discusión. Se aúnan la igualdad organizativa territorial básica, con la garantía de igual derechos básicos para las personas. Llegar hasta ahí no ha sido fácil. Pensemos, por ejemplo, en Estados Unidos, donde la tensión entre federación y confederación ha tenido que ser objeto de un gran número de sentencias del Tribunal Supremo y no se cerró, en la práctica, como he dicho al principio, hasta que los federales ganaron la guerra civil.

Se discutió, ciertamente, en la constituyente, si era posible el establecimiento de un modelo federal en España. Incluso algunos partidos, como el socialista, lo propusieron directamente. Fue rechazado. La UCD y Alianza Popular estaban directamente en contra; los comunistas no lo veían claro y los nacionalistas se oponían porque ellos defendían más una confederación (algunos propusieron que se reconociera el derecho de autodeterminación, pero eso fue radicalmente rechazado, como recuerdan los constituyentes que todavía siguen entre nosotros, como por ejemplo Juanjo Laborda). El consenso se fraguó alrededor del concepto de «autonomía», quedando al margen cualquier modelo federal, aunque algunas técnicas propias del federalismo entraron, como de tapadillo, en la regulación constitucional, pese a que la Constitución prohíbe la federación de comunidades autónomas.

Cuando hablamos de federación, de federalismo, o de Estado federal, tendríamos, en primer lugar, que centrarnos en definir qué tipo de federalismo es el del que estamos hablando. Porque el vocablo, sin más, puede hacer mucho bien o mucho mal, política y socialmente hablando. Y no todo cabe bajo el concepto de federalismo.

Me refiero a que, tal como algunos proponen como si de federalismo se tratara, hay que reforzar el papel autónomo de los Estatutos de Autonomía (el refuerzo del autogobierno, también dicen) aceptando «singularidades», ir más allá de lo que hasta el momento constituye la doctrina del Tribunal Constitucional sobre el estado de las autonomías o reforzar el bilateralismo frente a la cooperación multilateral.

Sobre todo, porque, quizás no hayan tenido en cuenta que la propuesta, que hoy se ha vuelto a formular, de que los estatutos de autonomía no fueran objeto de recurso de constitucionalidad previo, siempre defendida por los nacionalistas vascos y catalanes respondía a la idea, que siempre expresaron en los debates parlamentarios y así consta en el Diario de Sesiones, de que, para ellos, los estatutos de autonomía, en su pretendida y preconcebida bilateralidad jurídica frente al Estado, no podían ser objeto de ningún control de constitucionalidad.

Tampoco comparto, como catalana, española y europea, la idea de «singularidad» que se pretende para algunas comunidades autónomas, la catalana, por ejemplo. Chirría frontalmente con todo el proceso de integración, federativo, que venimos trabajosamente tejiendo en Europa. Esta singularidad, de ser reconocida, no puede ser puramente retórica, pues por qué se la reclama si ello no produce efectos, o simbólica, que contente a los que nunca se van a contentar. Rompe, por lo demás, toda idea de ciudadanía, que es la base de la construcción europea, forjada alrededor de los derechos y obligaciones comunes. Por lo demás ¿cuáles pueden ser los elementos «singulares»? ¿La historia? ¿La lengua? ¿Los sentimientos? ¿Un corpus jurídico previo? Singularidad evoca identitarismo (no sería necesario proclamarla de no ser así) y ha sido precisamente el falso identitarismo, identificado por el nacionalismo bajo la idea de *un sol poble* [un único pueblo] lo que ha otorgado a la realidad actual que estamos viviendo rasgos supremacistas, excluyentes y antidemocráticos, ofensivos para esa gran mayoría ciudadana que no se ha situado en el ámbito de la «singularidad». Hoy en día no son los genes lo que predetermina a las sociedades libres y democráticas, es su voluntad de coexistir, racionalmente, con igualdad de derechos y obligaciones. Por algo, situamos entre los valores de la Unión Europea, que son comunes (y establecimos que «son», no que deben ser) a sus Estados miembros, la dignidad humana, la libertad, la igualdad, el Estado de derecho y el respeto de los derechos humanos, incluidos los derechos de las personas pertenecientes a minorías. Digo que los situamos en el Tratado de la Unión Europea porque participé directamente en ello y quiero destacar lo que consta en la última frase del art. 2 del Tratado de la Unión Europea: «Los derechos de las personas pertenecientes a minorías», no los derechos de las minorías, puesto que era la idea de ciudadanía lo que nos tenía que unir, no las identidades nacionales ni los identitarismos singularizados, precisamente para evitar lo que los nacionalismos habían originado en Europa durante la primera mitad del siglo XX. Como decía Jean Monnet, se trataba de unir personas. Mal casa con la realidad europea, española y catalana la juridificación de singularidades. Salvo que se trate de entrar en el ámbito conceptual propio del nacionalismo identitario. Pero para este camino no eran necesarias tantas alforjas.

Proponer ahora, como se hace desde algunos sectores, la recuperación de los contenidos del Estatuto de Autonomía de Cataluña de 2006, declarados contrarios a la Constitución por el Tribunal Constitucional en 2010, o sujetos a la interpretación establecida por la sentencia, no es una técnica ajena al constitucionalismo comparado. Francia lo ha hecho en varias ocasiones sin que se desangre el sistema. El problema no está en la técnica utilizada, está en el contenido de lo que se pretende recuperar. Ello estaba en la base de la primerísima propuesta de reforma del Estatuto que se barajó y de la que me retiré desde el primer momento, puesto que claramente detecté que lo que, con esos primeros papeles, se pretendía era la voladura del Estado. La reforma fue concebida, y ello es así reconocido por sus propios autores (léase a Carles Viver Pi-Sunyer), como un texto que superase a la Constitución de 1978 para obligar a una reforma posterior de la Constitución que tuviera como ejes lo que se incorporase al Estatuto de Cataluña. Como si lo que se decidiera en una comunidad autónoma pudiera condicionar a la reforma territorial del Estado en su conjunto. Ello constituía, para mí, un torpedo en la línea de flotación del federalismo al que, como federalista europea que soy desde que en 1984 conocí a Altiero Spinelli, Virgilio Dàstoli y otros *motores* de Europa y me incorporé al Movimiento Europeo. Porque el federalismo no supone la centrifugación competencial que ha sido la práctica observada en la organización del estado de las autonomías, sino, por el contrario, el establecimiento de instrumentos de cooperación, coordinación y colaboración para que la toma de decisión se organice teniendo en cuenta la realidad de todas las personas presentes en todos los territorios. Porque el federalismo no se basa únicamente en cooperaciones bilaterales entre la federación y los órganos federados de cada territorio. Y porque el federalismo no encaja con las singularidades, ni los supremacismos ni los etnicismos, más soñados e inventados que reales, que vienen jalonando el conflicto en el que nos hallamos sumergidos.

Es en la confederación que el secesionismo pretendidamente *dialogante* cifra actualmente sus esperanzas. En una confederación *de facto* que no precise ni tan siquiera de reforma constitucional para instaurarse, fundamentada en la desaparición paulatina de las instituciones estatales en sus territorios y, reducidas a la mínima expresión las competencias del Estado, para poder ejercer sus políticas a voluntad, sin ningún tipo de control. De ahí que propugnen, prácticamente desde los inicios de la democracia, la construcción de lo que denominan «estructuras de Estado», que sustituyan a las vigentes para ser reemplazadas por las nuevas realidades que, poco a poco, van imponiendo. Lo más relevante del caso es que todo esto comenzó con el primer Estatuto de Autonomía recién aprobado, cuando Convergencia elaboró lo que conocimos años más tarde como Programa 2000, pergeñando la «catalanización» de la economía, la administración, la educación, la universidad, el comercio, el régimen lingüístico, etc., como hoja de ruta para conformar una Cataluña ajena a España, dándonos en las narices a los que pensábamos que el nacionalismo catalán se *había integrado* sinceramente en el sistema constitucional.

La verdad es que lo habíamos creído, eso de que se habían integrado, sobre todo porque sus representantes en la constituyente, no sólo el ponente Miquel Roca, adecuaron sus propuestas sin singularidades aparentes. Por ejemplo, en el tema de la financiación, Cataluña quiso situarse en el marco general, que fue regulado por la LOFCA, porque durante la elaboración de la Constitución, el grupo parlamentario de la Minoría Vasco-catalana (así se denominaba entonces, integrando tanto a Convergència i Unió como al Partido Nacionalista Vasco) no encontró razones para situar a Cataluña dentro del régimen especial del que gozan los «territorios forales»; basta con repasar los debates parlamentarios, publicados oficialmente por las Cortes Generales, para dar cumplida cuenta de ello. Que ahora se desdigan y pretendan un régimen de favor es harina de otro costal, aunque para que Cataluña pudiera tener un sistema fiscal y financiero similar al del País Vasco o Navarra, sería necesaria una reforma de la Constitución.

También nos lo habíamos creído porque, contrariamente al *relato oficializado*, dirigido a justificar que los vascos se desentendieron de la Constitución, el PNV participó directamente en la ponencia constitucional, no sólo a través de Miquel Roca, que era quien representaba a la Minoría Vasco-catalana, sino que llegó a estar presente en algunas reuniones realizadas en el despacho profesional de Gregorio Peces-Barba, ingresando en el mismo mucho antes de la hora fijada y pernoctando allí para que la prensa, que solía estar al acecho, no lo viera salir. Lo sé porque me lo contaron el propio Gregorio Peces-Barba y Jordi Solé Tura, dos de los ponentes constitucionales presentes en las reuniones; Jordi Solé Tura fue mi director de tesis y Gregorio Peces-Barba me ayudó mucho en la puesta en marcha del Centro de Estudios de Derechos Humanos en la UAB. Aunque los dos ya han fallecido, la confidencia tuvo lugar en presencia de otras personas que pueden dar fe.

Desde otro orden de consideraciones políticas, el populismo izquierdista preconiza una España «plurinacional» en la que, también a modo de confederación *de facto*, las diversas *naciones* sean como pequeñitos estados. Sobre todo, coincidiendo en este punto con el secesionismo, negando las estructuras estatales, incluso en el marco de la representación exterior (que es propia de toda confederación, puesto que en este sistema es prácticamente la única competencia importante que mantienen los órganos centrales). Lo hacen confluir con ese «pluralismo jurídico» que justificaría la existencia de regímenes jurídicos diferenciados para las distintas colectividades, aunque no se sepa muy bien cuáles puedan ser estas, conjuntamente con sistemas económicos colectivistas incompatibles tanto con las estructuras nacionales como europeas. Desconocen, o al menos hacen ver que desconocen, que ninguna confederación se ha consolidado a lo largo de la historia; incluso en Suiza han abandonado la confederación, por inviable, reformando su constitución en sentido federal, para convertirla en la Constitución Federal de la Confederación Helvética. Nada menos.

¿Quiere esto decir que la estructura autonómica es irreformable? En mi opinión todo lo contrario. Precisa ser reformada, federalizándola todavía más. Lejos de la centrifugación competencial que ha jalonado el desarrollo del estado de las autonomías, un federalismo similar al de Alemania podría dar respuestas adecuadas a los problemas detectados, cerrando un modelo autonómico que cuando se prefiguró, necesariamente, tuvo que ser abierto. Ni tan siquiera sería necesario cambiar su denominación, puesto que no es el nombre lo que hace al sujeto sino su contenido; en Alemania y en Austria, el ente federado es el *land*, por lo que, una vez consolidado el concepto nominal de comunidad autónoma, nada se opone a su mantenimiento (tampoco a cambiarlo si se considera pertinente). Se tendría que, eso sí, para ello, fijar claramente en la Constitución cuáles son los entes federados, es decir, enumerarlos, cada uno con su denominación, como se realiza habitualmente en las constituciones de los Estados federales. También sería necesario clarificar la distribución de competencias, cerrando con claridad las que sean competencias del Estado y quedando en manos de las comunidades autónomas el resto, simplificando el modelo de listas y evitando así los múltiples conflictos de competencias que hemos venido teniendo. Asimismo sería imprescindible constitucionalizar, regulando su composición y funciones, los instrumentos de cooperación entre Estado y autonomías, para evitar acuerdos extraconstitucionales en *mesas*, grupos o cónclaves que nadie sabe por quién están formados, ni qué competencias tienen, ni qué tipo de procedimientos utilizan para decidir o qué efectos pueden tener sus acuerdos; ni tan siquiera haría falta cambiarles los nombres que ya tienen, sino garantizar que sean efectivas sus funciones; me refiero a la Conferencia de Presidentes, el Consejo de Política Fiscal y Financiera, las conferencias sectoriales o las conferencias bilaterales.

Una buena regulación constitucional, más precisa, sobre los grandes principios en los que se basara la federación ayudaría a comprender mejor este sistema, que une en vez de separar y que facilita la toma de decisiones en vez de complicarla innecesariamente. La lealtad constitucional podría acompañarse de la lealtad federal, la garantía de la igualdad de derechos y obligaciones podría impregnar mejor la distribución de competencias, los métodos de control, incluido el conflicto de competencias y la coerción federal, tendrían que estar mejor definidos. Todos ellos son instrumentos democráticos, insertos en los Estados federales y con un desarrollo práctico acreditado.

También tendríamos que acomodar en la Constitución la interrelación multinivel entre los órganos internos, nacionales y autonómicos, y los de la Unión Europea, facilitando la elaboración de las normas europeas en colaboración con el Parlamento Europeo y el Consejo de la Unión; reforzando, en tal sentido, el instrumento de la alerta temprana en el marco de la colaboración legislativa; regulando la participación regional en el marco de la representación nacional en las reuniones del Consejo. El desarrollo de las normas y/o las políticas europeas compete tanto a los órganos centrales como a los autonómicos, según cuáles sean sus competencias, y no cabe duda de que la participación en su definición, como cooperación vertical, redundaría en una mejor transposición o implementación interna. Incluso podríamos plantear de qué manera se tendría que vehicular la responsabilidad interna por incumplimiento de normas o políticas europeas, atribuyendo al Estado y/o a las regiones las consecuencias de las infracciones o incumplimientos según quienes fueran los responsables de los mismos. No es de recibo que, como acaba de suceder, el Parlamento Europeo constata que el 60% de los fondos recibidos de la UE no se sabe cómo han sido utilizados porque, como afirma excusándose el Gobierno español, los ha transferido a las comunidades autónomas. ¡Como si las comunidades autónomas no estuvieran en España! La Unión Europea tiene sus instrumentos de coerción, mediante los procedimientos de sanción por infracción de valores o mediante los recursos de infracción; la sanción federal ha comenzado a aplicarse a Estados incumplidores como Polonia o Hungría y nadie descarta que, de seguir por la senda que hemos emprendido en España, despreciando los mandatos del Estado de derecho, podamos también nosotros deslizarnos por tales pendientes.

Cuando en Alabama se ha ejercido la coerción federal para garantizar la igualdad de derechos entre ciudadanos blancos y negros, ello ha tenido sus efectos. Cuando en Baviera se intentó que les fuera reconocida la posibilidad de autodeterminarse, la sentencia del Tribunal Constitucional Federal negó tal posibilidad y fue acatada sin mayores problemas. Claro que ello implica que las fuerzas políticas, especialmente las mayoritarias, crean decididamente en la lealtad federal, en el respeto a la Constitución, en el sometimiento al Estado de derecho como principio fundamental de una democracia. Y no está nada claro que estemos en tal tesitura, sobre todo después de que un partido político como el PSOE, con el que hicimos la Transición y la Constitución, con el que siempre habíamos ido de la mano en los grandes temas, se sitúe en estos momentos en la línea del nacionalismo rampante y del populismo izquierdista, obviando los principios socialdemócratas que habían presidido su andadura hasta prácticamente ahora mismo.

# Capítulo 4
## *La pretensión de desmantelar la Monarquía parlamentaria*

Como no parece posible revocar la Constitución, o cambiarla legalmente para mutar la naturaleza del sistema político-constitucional actual, algunos han pretendido, con acciones directas o de extranjis, provocar alteraciones en la vida política, económica y social, que conduzcan a resultados difícilmente compatibles con los valores constitucionales o la integración en la Unión Europea.

La Monarquía y el Parlamento, que constituyen los dos ejes centrales de nuestro sistema constitucional, aparecen en el punto de mira de esa pretensión de desmantelamiento del sistema. Se trata de ir socavando las instituciones, entrando en ellas, directa o subrepticiamente, para ir emponzoñándolas hasta que mueran por efecto de ese veneno que, poco a poco, casi inadvertidamente, se va infiltrando por sus venas, paralizándolas, cambiando su naturaleza, impidiendo que desempeñen su función. Un *golpe líquido* o *golpe blando* podríamos decir, acompañado de *mutación constitucional*, para no evidenciar abruptamente lo que se pretende.

Curzio Malaparte señala como elementos constitutivos de tal acción una operación ilícita, ejecutada desde instituciones de poder, contra el poder legítimo, dirigida a alterar o modificar la estructura del Estado. No se necesita mucha gente para ello. Según Malaparte basta con que unos mil técnicos bloqueen las capacidades del Estado y hagan creer a la mayoría de la población y a los órganos públicos que ello es lo adecuado y que deben mantenerse neutrales o apoyar directamente tal golpe.

No es tampoco necesario, como se afirmaba en la teoría política clásica hasta hace relativamente poco tiempo, el uso de la fuerza para estar ante un golpe a la democracia. Thierry Meyssan describe en sus artículos, examinando lo acaecido en diversos países, la doble moral que está en la base de ese tipo de golpe; por una parte, se organiza un proceso de movilización que comporta la división en bloques de la sociedad, mediante la realización de acciones radicales no directamente violentas y, por otro lado, se efectúan acciones más o menos clandestinas, de modo que lo que denomina *trabajo sucio* es llevado a cabo por gente de buena fe, que no se da cuenta de la manipulación de la que son objeto; este autor describe también las etapas preparatorias que comportan la propaganda continuada para deslegitimar a las autoridades e instituciones, el *calentamiento* oportunista de la calle cuando conviene, el uso de diversas formas de lucha y la preparación para la resistencia a la acción del poder primigenio. Buenos ejemplos los encontramos en el Brexit, la penetración rusa en Crimea, Transnistria y, ahora, en Cataluña, tal como se está constatando en las investigaciones realizadas por órganos expertos de la Unión Europea.

Similares observaciones se contienen en la obra del politólogo estadounidense Gene Sharp. El golpe, en su opinión, viene precedido por una etapa de creación de malestar social en torno a un tema o una política determinada, seguida de otra en la que se descalifica a las instituciones acusándolas de violar los derechos democráticos, lo cual va a generar la realización de intensas campañas manipulativas para movilizar a la sociedad y conseguir, de este modo, desestabilizar al gobierno, crear un clima de ingobernabilidad e, incluso, ello puede estar dirigido a obtener la renuncia de los gobernantes o de la parte que estorbe de ellos.

Tampoco, en esta estrategia, es necesario oponerse frontalmente al modelo constitucional vigente, pero sí irlo cuestionando, erosionando, ahora una institución, luego otra, provocando cambios en su funcionamiento ordinario, incluso al margen o en el filo de la ley, es decir, generando *de facto* mutaciones constitucionales. Estas mutaciones se producen cuando no es posible o conveniente realizar un cambio formal en la Constitución, reformándola conforme a los procedimientos establecidos y se la cambia por la vía de hecho, haciendo parecer que no se cambia, pero tergiversando su significado. Como bien ha advertido la doctrina constitucional desde hace largos años, desde Jellinek o Laband hasta Mortati o Hesse, cuando se produce una mutación la Constitución no cambia su texto, pero sí su significado y, sobre todo, su aplicación. Cuando las mutaciones tocan techo, en un proceso de deconstrucción institucional, entonces ya se puede derribar el sistema o hacerlo irreconocible. Basta con tener un *relato* bien organizado y constante, que vaya calando, como lluvia fina, en el subconsciente ciudadano y todo sale como previsto. Los medios telemáticos y las redes sociales son básicos para ello.

De este modo, no es necesario contar con la mayoría. Una minoría bien organizada, situada en puestos estratégicos, puede llevarse el gato al agua sin que el resto se decida a pestañear. Se pudo apreciar claramente durante el ascenso de los totalitarismos en el período de entreguerras del pasado siglo. El «Estado total» de Schmitt, dirigido como bien evidenció Arendt a lograr la hegemonía mundial, utilizó todos los recovecos del sistema para hacerlo suyo. En cada etapa histórica van variando los métodos, aunque la estrategia siempre ha sido la misma.

Con ello me encontré, como quien no quiere la cosa, a la vuelta de una de las misiones del Consejo de Europa. Era mi segunda misión en Moldavia (la primera fue después de la guerra en Transnistria) con el trasfondo de la formación de jueces y periodistas, con la intención de que les quedara claro a todos que el Estado de derecho requerido por los estándares europeos exigía el respeto a la autoridad del poder judicial. Y justo regreso a casa y me encuentro con que se estaba realizando una presión extrema sobre el Tribunal Constitucional con el asunto del Estatuto de Cataluña de 2006. «Los buenos catalanes son los que han ido a la manifestación contra el Tribunal Constitucional» rezaban los titulares de la prensa, que no se había privado de un editorial conjunto en Cataluña, dirigido a que el TC no cuestionara el texto del Estatuto, reproduciendo las palabras del entonces líder de la oposición, el convergente Artur Mas, haciendo referencia a una manifestación encabezada por el entonces presidente socialista de la Generalitat, José Montilla, que tuvo que salir por piernas de la misma, no sé si porque no gritaba los eslóganes en el catalán *normalizado* por los gurús de turno o porque, como algunas lenguas maledicentes afirmaban, no era posible que un andaluz presidiera la *milenaria* institución catalana.

A partir de ahí, el Tribunal Constitucional pasó a ser la *bestia negra* del secesionismo a la que se tenía que abatir. Y como las cacerías no pasaban de simbólicas, se le atribuyeron todos los males habidos y por haber, editoriales conjuntos incluidos, exigiéndole que no se pronunciara sobre la constitucionalidad del Estatuto impugnado. Y si no se le podía abatir, si con el desprecio no se lograban los objetivos deseados, se le tenía que *colonizar*, colocando en él a juristas afines, para que su jurisprudencia se alineara con los deseos del gobernante de turno. En esa fase estamos.

Cierto que se podría mejorar substancialmente al Tribunal Constitucional, en su composición y funcionamiento. Pero no sería necesario reformar la Constitución para ello, sino mejorar la práctica, buscando más a juristas de reconocido prestigio real para conformarlo, con menos supuesta adscripción político-ideológica de sus miembros. Actualmente es escandaloso que, ante cualquier recurso que se interpone ante el mismo, circulen inmediatamente prospectivas de votación entre sus miembros, distinguiéndose entre los que se consideran *progresistas* o favorables al Gobierno o sus aliados y *conservadores* o cercanos a la oposición de derechas; pero lo malo no es que los medios de comunicación realicen tales proezas, sino que casi siempre aciertan… quebrando así la apariencia de independencia e imparcialidad del Tribunal en su conjunto, que es lo que se pretende en esta fase de deconstrucción institucional.

En esta fase de la deconstrucción, la mejor pieza de caza mayor es el rey. La Monarquía parlamentaria, nos dice la progresía, debe ser desterrada por anticuada y antidemocrática. Para este sector, todo lo que no derive de la elección popular es anatema. Quieren elegir un presidente de la república e, incluso, querrían elegir a los jueces a su antojo. Alegan, especialmente, que «nadie ha votado la Monarquía», como si el voto en referéndum de la Constitución que la instaura no hubiera existido. Quieren quitarle la inviolabilidad cuando para ello se tendría que reformar la Constitución, lo cual es harto difícil sin eliminar la monarquía, puesto que la inviolabilidad es consubstancial a las monarquías actuales; incluso sería necesario modificarla para que tal inviolabilidad fuera disminuida ya que, de otro modo, equivaldría a reconocer que hace algo más que reinar, pues su responsabilidad derivaría de intervenciones públicas que, hoy en día, quedan sujetas al refrendo. Eso significaría que tiene un poder político ajeno a la monarquía constitucional.

Denotan, quienes eso defienden, un escaso conocimiento de la realidad histórica y comparada, puesto que, del conjunto de las monarquías europeas, únicamente en Italia, al finalizar la Segunda Guerra Mundial, se realizó un referéndum para decidir entre monarquía o república; incluso la Segunda República española optó por el régimen republicano sin referéndum alguno, puesto que fue proclamada tras la realización de unas elecciones municipales incluso la Constitución republicana del 32 entró en vigor sin ser objeto de referéndum alguno. ¿Alguien cuestiona la legitimidad democrática de todas esas monarquías que no han sido sometidas a un referéndum específico para instituirlas? Suecia, Noruega, Dinamarca... el Reino Unido... siempre aparecen en los índices fiables como democracias consolidadas de alto nivel. Y en todas ellas la Jefatura del Estado corresponde al rey.

Abundando en ello, si nos fijamos en los índices de democracia de referencia, en la mayor parte de las «democracias consolidadas» la jefatura del Estado es monárquica. Y existen repúblicas dictatoriales y/o totalitarias; véase qué sucede, por ejemplo, en Corea del Norte, en China, en Venezuela, en Cuba, en Rusia, etc., todos ellos repúblicas. Porque no es el ser monarquía o república lo que identifica a las democracias, sino el respeto al Estado de derecho y a los derechos fundamentales, además de la elección de los gobernantes mediante sufragio universal, garantizando el pluralismo político y la alternancia en el poder, sin pactos del Tinell o similares, en los que se pretende excluir la posibilidad de que algunos, aunque sean los más votados, puedan gobernar.

Claro que los monarcas pueden cometer desaguisados... Del mismo modo que pueden cometerlos los presidentes de repúblicas. Lo que importa es que el sistema constitucional dé respuestas adecuadas para cuando los desaguisados se cometan. Incluso facilitando abdicaciones o responsabilidades patrimoniales si es pertinente (la web de la Casa Real da cuenta específicamente de los regalos que reciben sus miembros, que pasan a Patrimonio Nacional, según sea su naturaleza; se advierte en ella que la mayor parte son libros). Al margen de la inviolabilidad propia de la institución monárquica, nuestra Constitución así lo hace y establece el refrendo para la asunción de la responsabilidad política por los actos del rey, ya que el rey reina, pero no gobierna. Desde esta perspectiva no veo la necesidad de introducir cambios en la Constitución. Otra cosa sería la legislación de desarrollo, por ejemplo, adoptando un Estatuto del Heredero o Heredera, o regulando más extensamente a la familia real o la familia del rey, que son dos cosas distintas. Pero eso no implica cambios constitucionales.

Pero sí que veo necesario cambiar la Constitución en dos puntos concretos, derivados de la posición que la igualdad de mujeres y hombres debe tener en nuestras democracias. El primero hace referencia a la sucesión a la Corona, donde se sigue el criterio de dar preferencia al varón sobre la mujer; tuvimos que hacer reservas y/o declaraciones interpretativas en la ratificación de la Convención sobre los Derechos Políticos de la Mujer y la Convención para Eliminar todas las formas de Discriminación sobre las Mujeres, ya que nuestro art. 57 CE choca radicalmente con lo que disponen estos tratados internacionales. Afortunadamente no se han producido situaciones que hubieran podido embarrar el caso, puesto que su majestad Felipe VI ha tenido dos hijas y a la infanta Elena no le ha pasado por la cabeza hacer uso de la *ley trans* declarando que se siente varón… Pero sería bueno terminar de una vez por todas con esa preferencia del hombre sobre la mujer.

El segundo punto que pienso sería bueno reformar es la disposición del art. 58 CE cuando hace referencia a «la reina consorte y el consorte de la reina»; en este punto por la doble discriminación que conlleva: por una parte, porque el consorte de la reina queda relegado a eso, a consorte, mientras que la consorte del rey es reina; y por otra parte, por la mentalidad discriminatoria que subyace en la redacción del texto, pues el rey puede elevar a reina a su consorte, mientras que la reina no puede hacerlo con el suyo.

En las sociedades actuales se identifica la democracia con el gobierno del pueblo, por oposición a las dictaduras o los regímenes autoritarios, en los que los ciudadanos no tienen derecho a participar en las decisiones políticas. No es, la democracia, un sistema que tenga una larga historia, aunque algunos sitúen su origen remoto en la Grecia antigua (ni soñarlo, pues en la Atenas clásica sólo participaba de tan excelso régimen poco más del 10% de la población, ya que estaban excluidas las mujeres, los esclavos y los metecos). Ni tampoco está extendido por todo el mundo.

Tampoco existe unanimidad para determinar cuándo comienza la democracia moderna, si en Inglaterra con la consolidación del parlamentarismo, con la independencia de las colonias americanas o en la Francia revolucionaria. Y tampoco se organiza de la misma manera la participación de los ciudadanos en los asuntos públicos en todos los Estados democráticos. Ya con Rousseau se distinguía entre democracia representativa y democracia participativa, entendidos ahora, incluso en el mismo Tratado de la Unión Europea, como sistemas complementarios más que alternativos.

Ahora identificamos generalmente la democracia con el sufragio universal, pero no siempre ha sido así. Cuando Alexis de Tocqueville analizaba la democracia en América decía: «Entre las cosas nuevas que durante mi permanencia en los Estados Unidos han llamado mi atención, ninguna me sorprendió más que la igualdad de condiciones». La igualdad era, desde su perspectiva, la esencia de la democracia, no la libertad ni la participación. Y es que en aquellos tiempos no existía el sufragio universal en ningún lugar del mundo, pues era censitario y sólo podían votar a los cargos electos los hombres que estuvieran en el censo de propietarios y rentistas (nobles en gran parte, hasta que fueron, progresiva o revolucionariamente, reemplazados por la burguesía industrial y mercantil), los altos cargos del clero y determinados grados militares.

Ciertamente, la lucha por el sufragio universal, masculino primero y genuinamente universal cuando las mujeres pudieron, también ellas, ejercer ese derecho, ha sido larga y complicada. Burgueses primero, obreros después y también las sufragistas posibilitaron lo que hoy, en nuestro paraíso europeo, nos parece algo tan natural que olvidamos que más de la mitad de la población mundial no pudo ejercerlo hasta hace muy poco tiempo. Y que todavía hoy en día millones de personas no pueden elegir a sus gobernantes en China, Birmania o Corea del Norte, por ejemplo. O que, en múltiples países en conflicto, en Oriente Próximo o en África central, es prácticamente imposible expresar el voto con libertad, las escasas veces en que la situación permite que se convoquen elecciones.

Ciertamente, contar con elecciones libres, en las que, además, valga lo mismo el voto de cada persona, es el reto al que nos enfrentamos en el momento de organizar los sistemas electorales, es decir, la traducción de votos en escaños, ya sea para elegir parlamentos y ayuntamientos (o presidentes en su caso). En ello resulta básica la definición del modelo de las listas electorales, la determinación de las circunscripciones, la fijación de los escaños a repartir, si hay una o dos vueltas, si optamos por la proporcionalidad o por reforzar a los partidos o grupos mayoritarios, etc. Pero no todo ello se incluye en las constituciones, sino que son las leyes electorales quienes lo regulan. Nuestra Constitución es muy parca, pues únicamente dispone, como indicadores al respecto, que la circunscripción electoral es la provincia, que el Congreso debe tener un mínimo de 300 diputados y un máximo de 400, que la elección del Congreso deberá responder a criterios de proporcionalidad, que para el Senado se elegirán 4 senadores por provincia y las comunidades autónomas elegirán uno más y otro por cada millón de habitantes y, tanto para el Congreso como para el Senado el sufragio será universal, libre, igual, directo y secreto. El mandato de ambas cámaras se sitúa en 4 años, salvo que se disuelvan anticipadamente.

La combinación de estos indicadores que acabo de citar, así como otros elementos configuradores del sistema electoral, como puede ser la necesidad o no de haber obtenido un porcentaje mínimo de votos para poder optar al reparto de puestos o el conferir primas de representación a los partidos mayoritarios, determina el modelo por el que se rige cada país en cada tipo de elecciones. Según cómo se organicen estos elementos, podemos conseguir sistemas de elección muy distintos, todos ellos democráticos, que se tienen que fijar en las leyes electorales. De ello depende, por ejemplo, que se favorezca la formación de parlamentos pluripartidistas o que se tienda a obtener mayorías absolutas. Por eso es tan importante que estas leyes electorales se adopten con el máximo consenso posible, para que no respondan a coyunturas específicas y para que la ciudadanía las perciba como legítimas. Se trata de elegir a nuestros representantes, es decir, llevar a la práctica la democracia representativa de la mejor manera posible: hacer que cada persona tenga un voto y que el voto de cada una tenga el mismo valor. El segundo punto, el igual valor del voto, es el que más cuesta de organizar y garantizar, de ahí que insista en ello reiteradamente. Todo ello se organiza en las leyes electorales, la general y la que pueda tener cada comunidad autónoma para elegir su asamblea legislativa. Así que excepto para cambiar los indicadores electorales directamente establecidos en la Constitución, dado que prácticamente todo el resto está regulado en la ley electoral, para cambiar lo que no está constitucionalizado no se necesita reforma constitucional.

También el Parlamento, que no es soberano, como el del Reino Unido, puesto que la Constitución española atribuye la soberanía nacional al pueblo, constituye una apetecible pieza a abatir, desnaturalizando sus funciones y relegándole a un papel subordinado a las apetencias del ejecutivo. Por ejemplo, un Congreso tan disparatado como el que tenemos, fruto de un sistema electoral que no estaba diseñado para las circunstancias actuales, podría cumplir mejor sus funciones representativas, tanto legislativas como de control, si no estuviera condicionado por grupos extremadamente minoritarios, que apenas tienen representación nacional, pero sí tienen cierta relevancia en sus *feudos* y que pactan cualquier norma o acuerdo político no en función del interés general sino por sus intereses particulares. Bastaría, para ello, que la ley electoral, sin necesidad de reformar la Constitución, estableciera con mejor criterio las barreras electorales; quizás como en Alemania, donde se puede disponer de un doble voto (no de dos vueltas sino de voto a candidato y voto a partido) ya que los partidos regionales juegan su papel en los Lander y para obtener escaños en la cámara que representa a la población deben superar el 5% de votos a nivel nacional o ser elegidos en circunscripción uninominal; otro caso es el de Portugal, donde no se pueden crear partidos regionales o locales por expresa disposición de la ley electoral. Esa reforma de la ley electoral española es una asignatura pendiente desde hace largo tiempo, pues la barrera electoral es sólo del 3% aplicada a nivel provincial, favoreciendo una sobrerrepresentación de partidos nacionalistas y manteniendo unas inelegibilidades poco apropiadas para las circunstancias actuales. En la mayor parte de países democráticos, las personas procesadas o acusadas de delitos contra el orden constitucional son inelegibles, mientras que para nosotros se precisa sentencia firme de inhabilitación para impedir que puedan ocupar cargos públicos. Y así nos va…

El Senado es otra institución que precisa de reforma, en concordancia con la federalización que sería deseable para nuestro sistema autonómico. Si el Congreso representa a la población, un Senado federal representaría a las comunidades autónomas, pues es la cámara de representación territorial. La Constitución sí precisaría de reformas para ello, porque habría que cambiar el art. 69 con la distribución provincial de senadores, para introducir la distribución regional. El debate se ha producido, en este punto, respecto de quién tendría que elegir a los senadores: ¿La ciudadanía? ¿Los parlamentos autonómicos? ¿Los gobiernos autonómicos? También se ha producido debate acerca de cuántos senadores se tendrían que establecer para cada comunidad autónoma, pues cabría pensar en un número igual para todas ellas o en el establecimiento de ponderaciones teniendo en cuenta la población, la estructura física del territorio, la aportación a la economía nacional… Existen razones a favor y en contra de todas las opciones, pero siempre bajo la consideración de que, cualquiera que fuera el modelo elegido, ello redundaría en que el Senado pudiera cumplir mejor con su función constitucional. La ley electoral tendría que precisar, posteriormente a la reforma constitucional, que se realizaría mediante el procedimiento ordinario, ciertos cambios que deberían acompañar a la formación de la nueva cámara (cómo establecer las barreras electorales, por ejemplo, o la regulación de inelegibilidades o incompatibilidades y decidir el modelo de escrutinio). También cabría pensar si, como sucede en Alemania, las leyes de interés directo de las comunidades autónomas podrían ser de iniciativa exclusiva del Senado o si este podría ejercer un veto real sobre el Congreso en las cuestiones de interés netamente territorial, amén de establecer un procedimiento de tramitación preferente en el Senado para las mismas. Mucho se podría hablar sobre la reforma del Senado, como cámara de decisión sobre la aplicación del art. 155 de la Constitución (la coerción federal) o el bloqueo del techo de gasto y su intervención en la adopción de los presupuestos. Se le suele ningunear hasta que ocurre algo que le otorga, ya directamente con la Constitución actual, facultades que pueden ser de extrema importancia y que sería bueno que no desaparecieran, para poder equilibrar en cierta manera el peso e influencia de cada una de las dos cámaras que forman las Cortes Generales. La verdad es que la *alergia* a lo federal que se vio en la constituyente generó que, en aquel momento, no se fuera más allá de lo que la Constitución establece. Si ello era explicable durante los primeros años de la democracia, una vez está consolidada, no tiene justificación que no se aborde una reforma en el Senado que es considerada necesaria desde muchos ámbitos.

Mucho se ha discutido también acerca de la prohibición del mandato imperativo, propia de la democracia representativa, para garantizar que los parlamentarios pudieran desarrollar sus funciones sin injerencias indebidas. Cuando se creó esta institución jurídica era para que no estuvieran constreñidos por nadie ajeno, ni por sus electores ni por cualquier otro órgano público. No era imaginable, entonces, el poder que los partidos ejercen sobre los elegidos, que es hoy de tal intensidad que ese mandato imperativo ha sido transformado *de facto* en el mandato del partido sobre el diputado, a pesar de que el Tribunal Constitucional ha establecido clara y repetidamente que el escaño es del diputado (o senador, claro) no del partido y, por eso, no tendría que existir la disciplina de voto ni las sanciones cuando esta se rompe (eso sucede así en algunos parlamentos extranjeros y en el Parlamento Europeo). Efectivamente, la representación *desaparece* cuando el representado no es libre en su toma de decisión. Y aquí tenemos uno de los mayores males de nuestra democracia, puesto que han sido los partidos políticos y, últimamente, los líderes de los partidos, los que han impuesto una práctica que nada tiene que ver con el libre debate y con la libre emisión política del voto. No es creíble, como propio de una democracia como la que quiere establecer la Constitución, la tiranía partidista que se ha impuesto *de facto*, aunque no sé cómo se podría insertar en la Constitución alguna disposición que devolviera a la representación su significado genuino, ya que el mandato constitucional actual es más que meridianamente claro.

Ha sido la práctica política, en especial la introducción de las mal llamadas *primarias* en los partidos para la elección del líder, lo que más ha contribuido al descrédito de la democracia. Las primarias tienen un origen anglosajón y están dirigidas a encontrar los candidatos que pueden obtener mejores resultados electorales. No se realizan para dirimir reyertas o encauzar liderazgos en los partidos, puesto que eso se dilucida en otros foros internos. En las primarias quienes votan son los potenciales votantes sobre potenciales candidatos, no sólo los militantes de los partidos. De este modo se buscan los candidatos que pueden tener mejores resultados en la contienda electoral. No son, pues, un «instrumento democrático» de selección de líderes, sino un mecanismo electoral para seleccionar a los candidatos que pueden obtener más votos. Con esa mala copia que aquí se ha realizado, lo que se ha generado es un mecanismo para que el líder controle férreamente al partido, puesto que han hecho desaparecer los órganos intermedios que antiguamente servían para elegir a los candidatos, fijar los programas electorales y decidir la línea ideológica del partido. Hoy en día, el proceso es a la inversa: se elige al líder y este escoge a *su tropa*, es decir, a los órganos intermedios, a los candidatos y a todo quisque vinculado a su persona, amén de trazar las líneas (no sólo ideológicas sino también las de oportunidad) sobre las que realizar la acción política. El art. 6 de la Constitución se queda en papel mojado cuando exige que los partidos políticos tengan una estructura interna y funcionamiento democrático.

La lástima es que eso no tiene posibilidad de regulación constitucional reparadora, puesto que remite a la ética política. Y a la calidad de la acción institucional. Hoy en día se ha instaurado, también, la realidad del *político profesional*, no del profesional que aporta su experiencia y su saber a la política; en unos partidos más que en otros, ciertamente. Ello, unido a las consideraciones sobre los liderazgos que acabamos de exponer, origina un seguidismo y una falta de debate, de esa deliberación que debería ser intrínseca a la democracia parlamentaria, para formar unas asambleas en las que se podría hacer lo mismo si, en vez de cientos de diputados, se contara con un representante por cada partido político: el director del grupo parlamentario indica, a veces sin debate previo interno en el grupo, por gestos, el sentido de la votación y así se decide. Este parlamentarismo tan debilitado no le hace ningún bien a una Constitución como la nuestra, que quería estar fundada en la soberanía popular y la representación política, que se quería dirigir a ciudadanos libres, informados y conscientes del sentido de su voto, que pretendía una representación de calidad, fundamentadora de políticas en alternancia, pero que respondieran a las necesidades reales de la ciudadanía, sin crear necesidades artificiales y confundiendo el respeto a las minorías con la tiranía de estas. Parece que fue un sueño…

También debe ser un sueño pensar en unas cámaras cuyos presidentes ejerzan sus funciones con la debida diligencia y neutralidad. Una de las cosas que más me llamó la atención cuando era estudiante de primero de Derecho fue la figura del Speaker, comúnmente denominado «el hombre del mazo» de la Cámara de los Comunes del Reino Unido. El Speaker es la persona que, blandiendo el mazo, conduce la vida parlamentaria con firmeza y, al mismo tiempo, con la neutralidad que su puesto exige. ¿Por qué se ha venido denominando al Speaker «hombre del mazo»? En parte porque se viene sirviendo de un instrumento en forma, efectivamente, de pequeño mazo, con el que llama al orden o zanja las discusiones golpeándolo contra la mesa. Pero también porque, aplicando la convención constitucional vigente en ese país, para blandir el mazo, que también es símbolo de la aplicación independiente de la ley por parte de los jueces, tiene que renunciar a la militancia en el partido político por el cual se le ha elegido y mantener una exquisita neutralidad desde el momento en que se le escoge para este puesto. Contrariamente a esta concepción institucional de la presidencia de la cámara, estamos más que cansados ya aquí, en España, especialmente con relación al Congreso de los Diputados y a algunas cámaras autonómicas, a posturas que poco tienen que ver con la del Speaker del Reino Unido: lejos de ser presidentes de toda la cámara lo son sólo de su bancada y han permitido todo tipo de espectáculos circenses, declaraciones que únicamente la inviolabilidad parlamentaria da lugar a que no generen responsabilidades civiles y/o penales y adopción de decisiones que alejan los trámites parlamentarios de los propios de las democracias pluralistas en las que queremos estar inscritos. Y no me refiero a las negativas a retirar del Diario de Sesiones las expresiones impropias, porque considero que no deben ser retiradas, ya que la constancia de la falta de educación, de la falta de respeto institucional o, incluso, de amenazas más o menos veladas, debe constar en actas, para que las generaciones futuras puedan conocer la calaña de ciertos elegidos; si no fuera por ello, por constar en acta, nunca hubiéramos sido conscientes del sustrato subyacente a los enfrentamientos supuestamente dialécticos que en el pasado precedieron a los que dieron origen a esa contienda (in)civil que tuvo lugar en España durante el pasado siglo.

No es en absoluto de recibo la instrumentalización partidista con que nos pretenden acostumbrar algunas presidencias parlamentarias. Lejos de la elegancia y, al mismo tiempo, eficacia integradora del Speaker de los Comunes, pudimos presenciar cómo una presidenta de cámara autonómica, sin pudor alguno, intervino directamente en la ofensiva política, sirviendo al partido al que, también a diferencia de su homólogo británico, no dejó de pertenecer quien debería representar a todos los miembros de la cámara y cuya remuneración deriva de los impuestos generados por todos los ciudadanos, sean o no sean de su misma cuerda política.

También, más recientemente, hemos podido asimismo presenciar cómo, en el mismo Día de la Constitución, se han orillado otra vez las reglas que deberían presidir la vida parlamentaria y, determinados diputados, cuyo puesto deriva precisamente de la aplicación fidedigna de nuestra inclusiva Carta Magna, no han querido honrarla estando presentes en tal conmemoración, sin que tal conducta fuera sancionada, siquiera moralmente, desde la Presidencia de la cámara. Es más, se pretendió legitimar la posición de los ausentes afeando que tal desaire pudiera hipotéticamente ser criticado por los presentes. Nuestra *mujer del mazo* representó más la voluntad política de una coalición de gobierno y una posición de partido, que a la institucionalidad de la cámara a la que debía representar.

Ciertamente, le tengo envidia a un sistema que exige neutralidad, eficacia y honestidad a quien tenga que blandir el mazo. Y cuya costumbre constitucional, cuando algo no concuerda con el respeto debido a la cámara y a la Constitución, porque nadie está a salvo de acciones inapropiadas, consiste en que la única salida digna que le queda a quien infringe las normas, por acción o por omisión, es presentar la dimisión, como así hizo el Speaker británico cuando se descubrió que no había sabido controlar el mal uso de los fondos parlamentarios por parte de un gran número de miembros de su cámara.

Y, ¿qué decir del ninguneo a que está sometido nuestro Parlamento? ¿Del uso abusivo del decreto-ley cuando, en los regímenes parlamentarios, el sistema impone la preferencia de la ley frente a las normas derivadas del ejecutivo? ¿De la utilización torticera de las proposiciones de ley para evitar los controles previos de los altos órganos consultivos, obligatorios cuando se trata de proyectos de ley, pero sin que lo sean cuando la propuesta se realiza a través de proposiciones de ley? Porque esto es lo que estamos viviendo en estos últimos años, incluso en el trámite para la adopción de leyes de relevancia constitucional, como es el caso de la que ahora está en curso de una más que cuestionada elaboración, como es la comúnmente denominada ley de amnistía, preparada durante el trámite de la última investidura, es decir, mientras el Gobierno estaba en funciones.

Un Gobierno en funciones no puede, ciertamente, adoptar proyectos de ley. Para introducir la ley de amnistía en las Cortes antes de la investidura, que era la exigencia de algunos partidos secesionistas para otorgar su voto al candidato socialista Pedro Sánchez, no cabía preparar un proyecto de ley, porque para ello había que esperar a que la investidura ya se hubiera materializado. Entonces recurrieron a la técnica, a mi entender totalmente fraudulenta, de utilizar una proposición de ley, que es cuando el proyecto de texto está elaborado en el Parlamento por un grupo parlamentario. Y así la registraron, como proveniente del PSOE. Pero esto tiene sus problemas, porque nadie se ha creído que la hubiera hecho el PSOE sin intervención del Gobierno. Es más: quien presentó al público la proposición de ley de amnistía fue el ministro de la Presidencia [Félix Bolaños]. Y quien envió el texto al comisario de justicia europeo, Didier Reynders, fue él. Es decir, nadie ha creído que se tratara realmente de una proposición de ley, sino que era realmente un proyecto de ley preparado por el Gobierno.

¿Por qué se ha utilizado este fraude de ley, esta norma de cobertura? Además de la explicación consistente en que un Gobierno en funciones no puede aprobar proyectos de ley, presentarla como proposición tiene una ventaja. Mientras los proyectos de ley tienen que ir acompañados, siempre, antes de su entrada en las Cortes de un dictamen del Consejo de Estado, del Consejo General del Poder Judicial (CGPJ), y a veces de otros órganos consultivos, o de consultas a los afectados, las proposiciones de ley no necesitan de estos dictámenes previos. Con lo cual, quien la presenta, de alguna manera, no se ve constreñido por la opinión de algún órgano especializado como podrían ser estos. Y así lo han hecho. Tal táctica, en el fondo, es un claro fraude de ley. Es decir, es una decisión política que generó que se pudiera tener el texto antes de la investidura para garantizarse determinados votos favorables y, también, para dar una apariencia de legalidad al ahorrarse esos dictámenes, que el Gobierno daba por descontado que no serían excesivamente favorables. Y eso es algo que, incluso, hubieran podido subsanar si hubieran ido de buena fe. Porque la oposición, cuando se registró la proposición de ley de amnistía en la Mesa del Congreso, pidió que se solicitaran tales dictámenes. Y la Mesa se negó.

El Parlamento está también siendo orillado en temas trascendentes en los que necesariamente tendría que intervenir, pero que, por exigencias, otra vez, de las minorías secesionistas y de lo que se ha acordado, según parece, en los denominados pactos de investidura, no son nuestros representantes los llamados a pronunciarse sino otras instancias de más que dudosa legitimidad. Me refiero a la introducción de los denominados «verificadores» para supervisar las negociaciones entre PSOE y Junts y entre PSOE y ERC. ¿Qué es lo que tienen que *verificar*? No está nada claro qué pretenden. De hecho, está tan oscuro que resulta que los acuerdos derivados de los pactos de investidura han de ser pactados en una comisión desconocida, en el extranjero, fuera de la Unión Europea las más de las veces, en reuniones secretas y con un verificador internacional. ¿Pero qué se creen, que somos las FARC? Esto también choca radicalmente con el Estado de derecho. ¿Esto es un procedimiento constitucional? Aquí no hay ninguno. Aquí se ha creado una comisión que no tiene ninguna regulación jurídica y que está sustituyendo a los órganos que legal y legítimamente tienen que intervenir en este tipo de cuestiones, que son los órganos parlamentarios. Vamos, es que parece mentira: nos están convirtiendo en algo distópico. ¿Cómo puede ser que tengamos que dilucidar estas cuestiones a través de una comisión que no conocemos, no está regulada y no sabemos exactamente quién está en ella?

Para cualquier diálogo, negociación, adopción de soluciones, preparación de proyectos entre los órganos constitucionales centrales y los autonómicos, de cualquier autonomía, tenemos establecidos los debidos procedimientos, a través de la Conferencia de Presidentes, el Consejo de Política Fiscal y Financiera, las conferencias bilaterales y las conferencias sectoriales. Sin embargo, el deterioro constitucional a que nos está llevando la actual política gubernamental orilla a tales órganos y los sustituye por comisiones *de facto.* Y ello es decisión gubernamental, puesto que, en una democracia como tendría que ser la nuestra, en la que pueden, como en todas, aparecer disfunciones provocadas por antisistemas, secesionistas, populistas y demás —siempre minoritarios—, es responsabilidad de las mayorías y, especialmente, de los gobiernos no caer en semejantes dislates y garantizar el respeto a la institucionalidad.

De todo ello se deduce que, a pesar de los múltiples problemas detectados en las instituciones básicas de la Monarquía parlamentaria, pocos de ellos, aunque sean *de calado,* como la sucesión a la Corona y la federalización del Senado, precisan de reforma constitucional para ser resueltos o, al menos, encauzados, ya que la mayor parte derivan de la mala praxis y de la ruptura del consenso constitucional. Bastaría, para superar tales escollos, con la adopción de varias leyes orgánicas y la reforma de los reglamentos parlamentarios. No es la Constitución el problema. Es problema está en cómo se la está desnaturalizando, en un proceso que algunos consideran como una (des)constitucionalización, dirigida a provocar mutaciones constitucionales de signo populista, muy al estilo de las que se han instaurado en otras latitudes y longitudes. Muy al gusto del denominado Grupo de Puebla.

# Capítulo 5

## *¿Tenemos suficientes instrumentos de defensa de la Constitución?*

He colaborado durante años con la División de Derechos Humanos del Consejo de Europa, concretamente en el programa de asistencia jurídica para los países del Este que, tras la caída del comunismo, elaboraron sendas constituciones democráticas, muchas en la línea de la nuestra, y necesitaban formar a las nuevas instituciones para que, asimilando el programa de democracia y Estado de derecho del Consejo de Europa, se prepararan al mismo tiempo para poder entrar en el futuro, cuando cumplieran los requisitos para ello, en la Unión Europea. También desde el programa Jean Monnet realicé diversas formaciones para que se fueran asimilando los principios y los procedimientos europeos en esa área geográfica. Bulgaria, Polonia, Bosnia, Rumanía, Moldavia, Chequia, Eslovaquia, Serbia, Croacia, que fueron los países en los que realicé estas actividades, tenían muy presente que si querían consolidar su nuevo sistema democrático, tenían que instrumentar su defensa jurídica, porque no es *automática* la adquisición de valores como los que forman el frontispicio de Europa desde que, en 1949, en el Congreso de La Haya, se decidió que tenían que ser instrumentados desde el Estado de derecho, comprendiendo la democracia y los derechos humanos.

Corría entonces la última década del pasado siglo y, en aquellos años, una vez superado en España el golpe del 23F, no teníamos tanta conciencia como en esos países a los que acabo de referirme, de la necesidad de contar con los debidos instrumentos jurídicos para la defensa de la Constitución. De hecho, incluso me parecía un tanto superflua tanta insistencia en este tema, como si el simple hecho de haber adoptado una Constitución democrática fuera suficiente salvaguarda para evitar su propia destrucción. Nos habíamos creído que era el marco por todos querido para el desempeño de la acción política y, aunque ya se comenzaban a detectar aspectos en la misma que parecían necesitados de reforma, se centraban más en la composición y funcionamiento de los órganos constitucionales y el manido tema de la puesta al día del sistema autonómico, que en algo que ahora aparece como un elemento esencial: ¿cómo podemos defendernos de esa *deconstrucción* constitucional que, desde los antisistema de siempre y acompañada de ese populismo ramplón que se ha impuesto en la vida política española, ha invadido posiciones que hasta hace nada considerábamos como totalmente normalizadas?

Ya he hecho referencia a la falta de inserción de la cláusula de lealtad constitucional, que permite (a mi juicio poco fundadamente) a nuestro Tribunal Constitucional afirmar que nuestro sistema no responde a los de «democracia militante». Lo digo porque se me hace difícil aceptar que una constitución democrática no sea «militante», pues ello implica aceptar como válidas jurídicamente las acciones dirigidas a su destrucción, imponiendo que únicamente la comisión de actos delictivos podría constituir un límite al respecto.

También me he remitido a la regulación del art. 155 CE como cláusula de «coerción federal», que ya ha sido aplicada cuando el golpe que nos estremeció en Cataluña. El art. 155 de la Constitución española de 1978, que contiene una cláusula de coacción estatal, está previsto para poder dar una solución de orden técnico-jurídico al problema que se puede originar cuando una comunidad autónoma se sitúa al margen de la Constitución y las leyes. Es decir, cuando no respetara lo que en los Estados federales se denomina lealtad federal. Cierto que, como he constatado, nuestra Constitución no creó un Estado federal para España, pero el estado de las autonomías ha derivado, a través del desarrollo legislativo y, sobre todo, de la jurisprudencia del Tribunal Constitucional, en un Estado que se rige por principios, si no federales, sí federativos, es decir, similares estos segundos a los primeros. Y, del mismo modo que los Estados federales, para cuando se incumple el principio de lealtad federal, tienen en sus sistemas constitucionales cláusulas de coerción federal, la Constitución española, para cuando alguna comunidad autónoma no respetara la lealtad debida al orden constitucional, ha previsto, en el artículo 155, una cláusula muy parecida a la coerción federal que existe en países como Alemania.

Regulaciones semejantes las encontramos también, incluso con más compulsión sobre el ente federado, en la Constitución de los Estados Unidos de América, que permite decretar la convocatoria de la milicia con el fin de aplicar las leyes de Estados Unidos, y reprimir las insurrecciones; esta constitución incluye también un mecanismo de intervención federal cuando dispone que: «Los Estados Unidos garantizarán a todo estado comprendido en esta Unión una forma republicana de gobierno y protegerán a cada uno en contra de invasiones, así como contra los disturbios internos, cuando lo soliciten la legislatura o el ejecutivo (en caso de que no fuese posible reunir a la legislatura». Aquí hay que constatar que varios presidentes (Lincoln, Eisenhower y Kennedy) aplicaron este instrumento, aún sin solicitud previa desde el estado concernido, para hacer cumplir el derecho federal. Esta regulación estadounidense inspiró las regulaciones constitucionales de Argentina, Brasil, México y, en cierta manera, Suiza.

La destitución o disolución de órganos regionales se prevé en el caso de Italia, Austria y Portugal. En Italia, su constitución permite directamente la disolución y sustitución por otros de los órganos regionales. Parecidos instrumentos jurídicos los encontramos en Austria, cuya constitución prevé que se pueda disolver cualquier Parlamento subestatal. En Portugal, la constitución contiene la previsión que, el presidente de la República, puede disolver las asambleas legislativas de las regiones autónomas (Azores y Madeira) por haber cometido actos contrarios a la constitución, una vez oídos el Consejo de Estado y los partidos representados en la asamblea legislativa nacional; esta disolución comporta el cese del correspondiente gobierno regional, que queda en funciones hasta que, tras las nuevas elecciones, se forme otro gobierno en la región afectada. Resulta especialmente significativa la regulación de la Constitución de Alemania sobre la coacción o coerción federal, puesto que el art. 37 de esa constitución constituye el precedente directo de la regulación de nuestro art. 155 CE. Se trata, de una coerción no detallada en su contenido, pero sí en el procedimiento para adoptarla, tal como sucede con nuestro art. 155 CE. Básicamente se trata de que el Gobierno federal constate el incumplimiento, por acción o por omisión, de una obligación federal por parte de un *land* y decida emprenderlo. Nótese que, como en nuestra constitución, en la alemana no se detallan las medidas a tomar, aunque la doctrina en general manifiesta que deben ajustarse a los principios de necesidad y proporcionalidad.

Incluso la misma Unión Europea dispone de cláusulas de coerción federal, puesto que habiéndose ido configurando sobre el modelo federativo, ha reforzado los mecanismos de integración alrededor de la defensa de los valores proclamados en el art. 2 del Tratado de la Unión Europea. Para ello, cuenta con lo dispuesto en el art. 7 TUE acerca del procedimiento de sanción por infracción o puesta en riesgo claro de tales valores, que puede comportar la pérdida del derecho al voto del Estado considerado infractor (tras un largo procedimiento en el que intervienen las instituciones de la UE) mientras no se acredita la vuelta al mandato de los tratados. Además, dada la complejidad de este instrumento, se adoptó también el llamado «Mecanismo Preventivo» en defensa del Estado de derecho, por el que previamente a la aplicación del art. 7 TUE o como sustitución del mismo, se abría un procedimiento, con intervención también de las instituciones y en el que pueden intervenir órganos asesores del Consejo de Europa o de la propia UE, para adoptar recomendaciones que si no son seguidas por el Estado concernido, podrían derivar en la aplicación del art. 7 TUE antes mencionado. No se trata de un clásico incumplimiento del derecho de la UE, que sería dirimido ante el Tribunal de Justicia previo el correspondiente recurso, sino de un mecanismo de salvaguarda de los valores básicos.

El art. 155 CE únicamente ha sido puesto en práctica una vez, como es sabido, como respuesta al ataque golpista contra el orden constitucional habido en Cataluña. En realidad, se inició también su tramitación a partir de un incumplimiento habido en Canarias, pero el gobierno regional se retractó con el primer requerimiento, por lo que sólo se ha completado su aplicación, efectivamente, en Cataluña. Este artículo 155 parte, como hemos dicho, de una regulación similar, por no decir prácticamente idéntica a la de la Constitución de Alemania, pero que se ha caracterizado en su aplicación por centrarse básicamente, no únicamente, en el cese del Gobierno de la Generalidad y la disolución del Parlamento de Cataluña, es decir, en actuaciones similares a las previsiones de la Constitución italiana. La propuesta del Gobierno al Senado, para justificar la aplicación, comprendía, además de la referencia al ataque al orden constitucional general, una serie de actuaciones concretas y precisas de los órganos de la Generalitat autonómica. El Decreto por el que fue disuelto el Parlamento y cesado el Presidente de la Generalitat, disponía también el cese de todo el personal eventual que este tuviera adscrito. Cesado el presidente catalán, pasó a asumir sus funciones el presidente del Gobierno de España, con todos los efectos que ello pudiera suponer, aunque las funciones del presidente de la Generalitat pasaron a ser ejercidas, por delegación del presidente del Gobierno español, por la vicepresidenta del Gobierno. Los ministerios asumieron directamente las competencias de las Consejerías. Este traslado de funciones originó también que algunos instrumentos del secesionismo, como las embajadas y el DIPLOCAT (que tantos dolores de cabeza nos han estado provocando), fueran disueltos y que la policía autonómica fuera puesta bajo control del Ministerio del Interior (incluyendo el cese de varios mandos). La aplicación más estricta de las normas de control financiero y presupuestario, en combinación con otros instrumentos de política fiscal, fue también importante, aunque ese tipo de control, dirigido a que los recursos no se utilizaran para fomentar y construir las políticas del secesionismo, se hubiera podido implementar perfectamente al margen de la aplicación del art. 155 CE, pues en las propias normas reguladoras de estas cuestiones ya existen instrumentos específicos de control. Pero no se incidió en absoluto en los dos grandes ejes del secesionismo: la educación y la comunicación. La educación ni tan siquiera estaba mencionada en el acuerdo del

Consejo de Ministros ni en el acuerdo finalmente aprobado por el Senado. La comunicación, que estaba incluida en el acuerdo del Consejo de Ministros, fue excluida del ámbito de aplicación del art. 155 CE por el acuerdo habido en el Senado. Estas *estructuras de estado*, tan mimadas por todos los gobiernos que hemos tenido hasta ahora en Cataluña, permanecen intactas. No nos extrañe, pues, la deriva actual de los acontecimientos.

También sería posible, para defender la Constitución, la declaración de un estado de excepción o de sitio (considero que el estado de alarma no es adecuado para estos casos), previstos en los artículos 55 y 116 de la Constitución. En ambos casos es definitiva la decisión del Congreso de los Diputados, por lo que no parece evidente que la cámara los adopte con su composición actual. Para el estado de excepción, respuesta a una grave violación del orden público, está previsto que se puedan suspender ciertos derechos constitucionalmente reconocidos, a propuesta del Gobierno y con la autorización del Congreso (no se necesita mayoría absoluta). El estado de sitio está previsto para hacer frente a ataques al orden constitucional; tiene que ser declarado por la mayoría absoluta del Congreso de los Diputados a propuesta del Gobierno y comporta que todas las autoridades queden a disposición de aquella que el Gobierno designe para asegurar el cumplimiento de la Constitución y las leyes; puede acumular la suspensión de derechos que se prevé en el estado de excepción. Todo ello dentro del margen que el Convenio Europeo de Derechos Humanos y la jurisprudencia del Tribunal de Estrasburgo establece para el ejercicio del denominado «derecho de derogación». En tal tesitura, se exige que exista un peligro para la vida de la nación, que la respuesta del Estado sea proporcionada, que no se suspendan los derechos que el Convenio considera «inderogables» (son pocos) y que se comunique la decisión al secretario general del Consejo de Europa para que este despliegue el preceptivo seguimiento para evitar los abusos. No se han utilizado en España estas técnicas de defensa de la Constitución, que precisan de acuerdo político de fondo y que se explicitan en sendas votaciones parlamentarias. Seguramente es por ello que no contamos con práctica al respecto, puesto que el acuerdo o consenso brilla por su ausencia y la luz y taquígrafos de todo debate parlamentario, al impedir los acuerdos en la sombra a que quieren acostumbrarnos, están derivando en que estos mecanismos de defensa constitucional no sean utilizados.

Desde otro orden de consideraciones, la Ley Orgánica del Tribunal Constitucional, en su actual redacción, cuenta, como el resto de órganos de control de constitucionalidad que existen en las democracias, con instrumentos que le permiten hacer efectivas sus decisiones. Evidentemente no son idénticos en todas partes. Nuestra LOTC otorga a las sentencias la cualidad de título ejecutivo y, para asegurarlo, en dependencia del caso, a partir del incidente de ejecución, puede imponer multas coercitivas (entre tres mil a treinta mil euros por cada incumplimiento), acordar la suspensión cautelar en sus funciones de las autoridades que incumplan las decisiones, requerir del Gobierno la ejecución sustitutoria de las resoluciones o levantar testimonio a particulares para exigir la responsabilidad penal procedente. El Tribunal Constitucional tiene que escoger la medida, o medidas, que crea adecuada al caso, ya sea la multa, la inhabilitación, el requerimiento al Gobierno para la ejecución sustitutoria o el reenvío a la jurisdicción penal. Todo ello respecto de las personas concretas relacionadas con el incumplimiento. Estas medidas se han hecho efectivas varias veces en relación con los incumplimientos de las autoridades secesionistas catalanas. Ahora nadie las recuerda ni las menciona, puesto que parece que el actual Tribunal Constitucional no sería *sensible* a las mismas. Pero están ahí, como en otros países, para asegurar el cumplimiento de las sentencias, como es propio de todo Estado de derecho.

En la Ley 36/2015 de Seguridad Nacional, por añadidura, se cuenta con mecanismos muy valiosos en defensa de los derechos y libertades y de los principios y valores constitucionales. Todas las administraciones públicas (autonómicas y locales incluidas) y la sociedad en general, están sujetas a las medidas que puedan adoptarse regulando la gestión de situaciones de crisis. Para ello, la ley permite que el presidente del gobierno declare por decreto la «situación de interés para la seguridad nacional», por la que cualquier autoridad (estatal, autonómica o local) está obligada a aportar los medios humanos y materiales dirigidos a una efectiva aplicación de las medidas enumeradas en la declaración. Con ello, el Gobierno puede tomar el control directo de cualquier situación de crisis sin necesidad de recurrir a la proclamación de estados excepcionales. Hay que señalar también que, según el Tribunal Constitucional es el Estado quien coordina, es decir, quien tiene la dirección política sobre la seguridad nacional, como materia subsumida en la seguridad pública. Las comunidades autónomas no dirigen la coordinación, sino que son coordinadas. Medidas tales como el control directo de cualquier órgano de cualquier administración, funcionarios o policías por poner un ejemplo, que tendrían que actuar bajo la dirección de quien designe el Gobierno español, son posibles al amparo de esta ley.

Podríamos pensar, también en medidas de coerción administrativa. La coerción administrativa es muy útil, pues pretende la rectificación inmediata de una situación de hecho que no es correcta jurídicamente. Con antecedentes en Francia, Alemania e Italia, esta figura está basada en la relación de sujeción especial que los servidores públicos tienen respecto de la administración a la que están adscritos (no sólo quienes tengan la condición estricta de funcionarios, sino todos aquellos que, directa o indirectamente prestan un servicio público), que permite imponer obligaciones directas, tomar determinadas medidas o impedir la realización de actividades concretas. La Ley 39/2015 del Procedimiento Administrativo Común de las Administraciones Públicas establece, como instrumentos de ejecución de las disposiciones administrativas, previo apercibimiento al interesado, los siguientes: Apremio sobre el patrimonio, ejecución subsidiaria, multa coercitiva y compulsión sobre las personas. Previsiones jurídicas tenemos, también en el ámbito puramente administrativo. Lo que se precisa es quererlas aplicar.

El Código Penal, siempre está ahí, como *prevención general* y como sanción concreta de ilícitos específicos. Tipifica numerosas conductas que, en dependencia de los hechos ante los que nos encontráramos, podrían ser consideradas delictivas y penadas con privación de libertad. Pero, desde hace un cierto tiempo, el Código Penal es objeto de deseo entre los que están desarmando al Estado de los instrumentos con que cuenta para defender el orden constitucional. Si el Código Penal castigaba, entre otros, los delitos de rebelión o sedición y sus tentativas, la *necesidad* esgrimida por la anterior coalición de gobierno para asentarse mejor en el poder y garantizarse así una nueva elección, ha llevado a la eliminación del delito de sedición. Sí, aquel delito por el que los golpistas secesionistas fueron condenados por el Tribunal Supremo ha desaparecido de nuestro ordenamiento. En consecuencia, hechos similares no pueden ya ser objeto de procesamiento y, eventualmente, condena; todo quedaría relegado a «desórdenes públicos», porque tampoco se darían los elementos del tipo rebelión, ya que entienden que para ello se precisaría de un levantamiento armado. Hemos hecho de un roto un descosido y el traje constitucional puede quedar hecho harapos de repetirse las conductas; es decir, quedarían sin respuesta penal hechos, que fueron reconocidos judicialmente como delictivos en un proceso retransmitido por televisión y que contó con todas las garantías, tanto las derivadas de la regulación constitucional sobre la tutela judicial efectiva como las que se insertan en el derecho al juicio equitativo inserto en el Convenio Europeo de Derechos Humanos.

No contentos con la eliminación del delito de sedición, nuestros eximios penalistas gubernamentales reformaron *a la baja* la sanción penal del delito de malversación, por el cual también fueron condenados varios de los golpistas. Ni tan siquiera tuvieron la precaución de verificar que tal disminución de la pena concordara con la previsión de las directivas anticorrupción de la UE; ni con las vigentes, ni con las que están en curso de elaboración. Tampoco están teniendo en cuenta lo que el Tribunal de Cuentas ya ha establecido como responsabilidad contable, verificada dentro de uno de los procedimientos que, conforme a sus competencias, está teniendo lugar ante el citado tribunal. Ya veremos cómo los órganos europeos se posicionan frente a este enfoque tan desconsiderado, puesto que la fiscalía europea y otros órganos de control europeos lo están examinando con lupa y ello puede derivar en procedimientos de infracción y la interposición de sanciones, conllevando no sólo las consabidas multas sino la suspensión y/o retirada de fondos europeos.

Pero el Código Penal también incluye la prevaricación, las injurias o amenazas graves a las instituciones, la perturbación grave de los plenos municipales o amenazas a sus miembros, la usurpación de atribuciones, los delitos cometidos por los funcionarios públicos contra las garantías constitucionales, la resistencia a la autoridad o, por terminar con los ejemplos, la desobediencia a resoluciones judiciales. La inhabilitación en cargo público puede constituir, además, una pena directa o accesoria a la imposición de otras.

En EEUU se castigan los ataques a las instituciones; lo hemos visto con las condenas, precisamente por sedición, a los que asaltaron el Capitolio. En Alemania se desmantelan los hipotéticos golpes de Estado antes de que comiencen a ejecutarse. Incluso en el Perú se exige el cumplimiento de la Constitución a una presidenta populista que lo es, presidenta, precisamente porque así lo dispone la Constitución cuando se produce una vacante en la Presidencia del país.

Pero aquí no. Aquí premiamos al golpismo, los indultamos, reformamos el Código Penal a su medida, les posibilitamos que vuelvan a ocupar cargos públicos, les perdonamos lo defraudado y a otra cosa, mariposa. Incluso preparamos una amnistía generadora de impunidad. Que la política que se lleva es esta. Ya lo decían, eso de que había que «desjudicializar», eso de que la ley no podía constreñir a la política. Porque ya lo vemos. Si la ley lo intenta, quitamos el delito. Muerto el perro, acabó la rabia; eso deben pensar... sin darse cuenta de que el virus se expande y que pueden aparecer otros perros rabiosos.

La moda, el *relato* actual, también nos dice que ya nadie se acuerda de 2017. Y lo dice el propio presidente del Gobierno. Se equivoca Vd. Sr. Sánchez, muchos nos acordamos de que, en Cataluña, como Vd. decía antes de mutar en presidente del Gobierno (parece ser que son mutaciones que se dan, según decía su ministra Calvo) se produjo una rebelión, con las leyes de desconexión, el *referéndum* del 1 de octubre y la declaración de independencia. No olvidamos que los procesados por el Tribunal Supremo lo fueron por rebelión, aunque en el transcurso del procedimiento, la rebelión mutara en sedición. Que no fueron condenados por su ideología ni por ser catalanes, sino por la comisión de actos delictivos. La sentencia los enumeraba claramente, teniendo en cuenta los que se habían intentado plasmar en normas, como las denominadas leyes de desconexión, por las que se pretendía la autodeterminación de Cataluña mediante un referéndum que no tenía base legal ni en el derecho interno ni en el derecho internacional y la que pretendía instaurar los órganos públicos de una Generalitat transmutada en *Estado,* al tiempo que nos convertía, a los catalanes constitucionalistas, en ciudadanos de segunda negándonos los derechos constitucionales y estatutarios de los que disponemos. También tuvieron lugar alguno de esos «desórdenes públicos agravados» que se llevan ahora y que, según sus *primos* (primos del secesionismo) alemanes del *land* de Schleswig-Holstein no produjeron suficiente alboroto como para doblegar al Estado y por eso (sus *primos* deben estar bien satisfechos con la extensión de su doctrina, no?) no nos devolvieron al golpista fugado que hoy debe estar también tocando las castañuelas a la espera de que decaiga el procedimiento de su entrega, pendiente de sendas sentencias del Tribunal de Justicia de la UE, porque afirma que no cometió delito alguno, mientras todo indica que se prepara para repetir semejantes hazañas. Pues bien, sí señor, no cometería ningún delito porque aquel por el que se le podría imputar, para no ejercer discriminación con el resto de aquellos que siendo condenados han sido indultados, ya ha desaparecido del Código Penal.

Pero, claro, todo se está llevando a cabo, dicen, con la finalidad de que la concordia regrese a Cataluña. A esa Cataluña en la que no cabemos los constitucionalistas porque queremos que se respeten nuestros derechos, que también los tenemos, como el resto. A esa Cataluña en la que queremos poder vivir y trabajar sin ser señalados como *extranjeros* en propio suelo, sin que nos consideren *traidores* porque no comulgamos con la rueda del molino totalitario que pretende imponer el nacionalismo.

Y, ¿en nombre de quién nos hace Vd. esto, presidente? Lo digo así porque es el propio presidente del Gobierno quien justifica la transmutación del orden constitucional en el orden que convenga a su persona ¿En nombre del socialismo? ¿Para que dejemos de ser parias de la tierra? ¿Porque el ideal de su partido se sitúa en el mismo parámetro que el del golpismo? ¿Porque así lo ha acordado fuera de las instituciones? ¿Acaso es un condicionante del populismo o del secesionismo para agotar la legislatura? ¿Es que también lo ha acordado así con Bildu, para ir recogiendo también nueces en silencio, despreciando los valores constitucionales y europeos? ¿También se había ido Vd. a la playa cuando estábamos conteniendo el aliento porque estaban matando a otro de los nuestros? ¿Está Vd. pensando en una hipotética famélica nación, esa, la del cántico que tantas veces entonamos cuando creíamos que era por los desfavorecidos por lo que luchábamos? ¿Es consciente de la vinculación del golpismo con la trama rusa que pretende desestabilizar a la misma Unión Europa? ¿Esta es la virtud que deriva de su necesidad?

Pues no. No es por eso. Es porque es inevitable hacerlo para conseguir lo que entre todos los que están haciendo trizas el sistema constitucional pretenden. A pesar de contar con instrumentos constitucionales y legales, el orden constitucional, el Estado de derecho, que están en claro riesgo, no pueden ser defendidos eficazmente, porque se ha emprendido el camino de la (des)constitucionalización a medida. Si en la Unión Europea se pretende velar porque los valores sean efectivos, tanto para sus propias instituciones y órganos como para cada uno de los Estados miembros, aquí nos ciscamos en ellos para facilitar la permanencia de un Gobierno acordado con quienes pretenden destruirlos. *Spain is different*!

¿Necesitamos reformar la Constitución para conseguir que no sea considerada, en la terminología de Loewenstein, como una constitución nominal o semántica, cuyas disposiciones o no se aplican o se tergiversan? Claramente no, aunque podría ser oportuno reforzar alguno de sus mecanismos. Yo me contentaría con que se aplicaran, sin deteriorarlos más, los instrumentos con que ya contamos. Pero, claro, quienes deben activarlos son, casi en exclusiva, órganos políticos. Por consiguiente, cabe formularse la siguiente pregunta: ¿tendría que ser posible una activación de la defensa de la Constitución por parte de la propia ciudadanía? Ello fue descartado en la constituyente, pues los padres de la patria seguramente pensaron (me consta que es así, por los vínculos con alguno de ellos que ya he explicado) que con la *reconciliación* y el consenso no eran necesarias previsiones en tal sentido, como las que existen en otros modelos constitucionales.

Antígona dijo NO a Creonte y enterró a su hermano en contra de la orden expresa del tirano, pagando conscientemente con su vida tal desobediencia; Aristóteles fue más allá, justificando la resistencia e, incluso, la eliminación del opresor que no respetara las leyes, aún a sabiendas de que la disidencia conducía al ostracismo a quien la practicara, porque el gobernante ilegítimo no podía tolerar la presencia pública ni la influencia social de los que se le opusieran. También Tomás de Aquino consideró correcto resistir a la tiranía, como virtud de fortaleza, incluso eliminando al tirano, especialmente cuando la opresión deviene insoportable.

En el constitucionalismo contemporáneo, el derecho a la resistencia se plasma en diversos textos. La Constitución de Estados Unidos, al proclamar el derecho a la vida, la libertad y la búsqueda de la felicidad, afirma también que, si el gobernante lo impide, el pueblo tiene derecho a instituir un nuevo gobierno que los garantice. También la declaración francesa de los Derechos del Hombre y del Ciudadano establece que, cuando el gobierno viola los derechos a la ciudadanía, la insurrección deviene un deber sagrado, para reponerlos. Ello ha tenido también un reflejo en constituciones hispanoamericanas (Argentina, Perú, entre ellas) justificando el derecho a la resistencia frente a acciones u omisiones del poder público o de personas, naturales o jurídicas, no estatales, que vulneren o estén dirigidas a vulnerar los derechos constitucionalmente establecidos.

En Europa son escasos, pero significativos, los casos en los que tal derecho ha sido constitucionalizado. Alemania es un ejemplo, cuando la Ley Fundamental de Bonn incorporó en el año 1968 a su texto que: «Todo alemán tendrá derecho de resistencia, cuando no exista otro remedio, contra quienquiera que se proponga eliminar el orden de referencia», pues tenían muy presente cómo se evanesció la Constitución de Weimar durante el período nacionalsocialista. También la Constitución de Portugal, atendiendo al pasado reciente del país, estableció que: «Todos tendrán derecho a resistir a cualquier orden que atente a sus derechos, libertades y garantías y a repeler por la fuerza toda agresión, cuando no sea posible recurrir a la autoridad pública».

¿Por qué el constitucionalismo se ha hecho eco de este derecho? ¿Cuál es la fundamentación de tal regulación cuando se inserta en constituciones democráticas? La respuesta la encontramos en la contraposición entre legitimidad de origen y legitimidad de ejercicio. En toda democracia, la autoridad que se erige conforme a los procedimientos establecidos, tiene legitimidad de origen. Una vez instaurada, la autoridad debe ser practicada conforme a la ley previa y democráticamente establecida. Si ello no es así, la autoridad, aun habiendo tenido legitimidad de origen, la pierde por causa de que su actuación u omisión, al estar fuera de la ley, no goza de legitimidad de ejercicio. El derecho a la resistencia, pues, existe como garantía de reposición del orden constitucional vulnerado. Sentado este principio, parece bastante evidente que sería positivo reconocerlo en nuestro ordenamiento constitucional, puesto que, de no ser activados por los poderes públicos los instrumentos de defensa de la Constitución, ha de ser el soberano, es decir, el pueblo, quien tome las riendas de la situación para exigir que la Constitución se cumpla. Es la última garantía que, como hemos visto, establecen varias constituciones democráticas, precisamente para garantizar la no destrucción de la democracia.

# Capítulo 6
## *Los derechos constitucionales y la igualdad de derechos en crisis*

Norberto Bobbio decía que el problema que tienen los derechos no es su reconocimiento, sino su efectividad. Por eso deben estar siempre acompañados de garantías que permitan su puesta en práctica y la debida reparación para el caso de que fueran violados.

Eso se tuvo muy presente en la constituyente española que alumbró el texto de 1978. Recuerdo los debates al respecto y el análisis técnico que realizábamos, un poco sobre la marcha, teniendo en cuenta lo que había sucedido en otros lugares. Francia, por ejemplo, después de la Segunda Guerra Mundial había adoptado una constitución en la que los derechos estaban reconocidos, pero no se estableció un sistema de garantías sobre ellos; en la Constitución de 1958, actualmente en vigor, por el contrario, vistos los problemas de aplicabilidad habidos sobre la constitución anterior, no se incluyó la lista de derechos sino que se remitió a textos anteriores como la Declaración de Derechos del Hombre y del Ciudadano de 1789, el Preámbulo de la Constitución de 1946 y los derechos y deberes establecidos en la Carta del Medio Ambiente de 2003, configurando con ello un «bloque de la constitucionalidad» que ha de ser tenido en cuenta para la interpretación del sistema de derechos. En Italia se incluyeron también los derechos en la Constitución de 1948, en forma dispersa y sin garantías específicas, lo que llevó a su Tribunal Constitucional a afirmar que, en la Constitución, existían normas dispositivas o directamente aplicables y normas programáticas, que eran un mandato al legislador para que las fuera desarrollando a medida que ello fuera posible; los derechos de contenido económico social han sido considerados como normas programáticas, mientras que los individuales y políticos han tenido el estatus de normas dispositivas. En Alemania o Portugal también se incluyen los derechos en el texto constitucional y ha sido la jurisprudencia quien ha establecido su alcance, especialmente con relación a los derechos sociales, económicos y culturales, que no son concebidos como los derechos de libertad clásicos por las dificultades que tiene su aplicabilidad directa.

Conscientes, pues, de tales dificultades, en la constituyente española se reconocieron los derechos, clasificándolos según las garantías que se consideraron oportunas para cada tipo de derechos. Por ello contamos con derechos que tienen una protección y efectividad máxima, incluyendo la aplicabilidad directa, las garantías jurisdiccionales y el recurso de amparo ante el Tribunal Constitucional; otros que no son susceptibles de ser recurridos en amparo y un tercer grupo cuyo ejercicio depende de lo que vaya disponiendo el legislador que los desarrolle. Este tercer grupo está integrado mayoritariamente por derechos sociales, económicos y culturales. Con ello se quiso obviar, y así lo reconoció el Tribunal Constitucional que se tuviera que echar mano de la doctrina italiana sobre normas de eficacia directa y normas programáticas, facultando al legislador que fuera desarrollando los derechos a medida que las condiciones lo fueran permitiendo.

Es en este punto que, en los últimos años, ha arreciado la polémica en torno a derechos del tercer grupo, especialmente sobre el derecho a la vivienda que algunos quisieran hacer efectivo obligando a que el poder público la facilite, mientras que desde otro orden de consideraciones, fenómenos como las *okupaciones* y la falta de garantías para los propietarios arrendadores, originan a su vez que se reclame una intervención del poder público que no permita vulneraciones de los derechos de propiedad.

Se hace efectivamente difícil, en un régimen de democracia liberal como el nuestro, el que, por más que la Constitución hable de «democracia avanzada» no dispone, como la de Portugal, que ha de facilitar el camino hacia el socialismo, concebir un régimen sobre la vivienda en el que todas las personas puedan verse beneficiadas de un acceso a la misma garantizado por los poderes públicos (otra cosa son los casos de necesidad que regulan las leyes de desarrollo). Del mismo modo que tampoco parece plausible que la vivienda, como toda propiedad, no esté sujeta a la adopción de ciertas medidas que impidan los abusos, de cualquier tipo. Señalo este derecho porque es el que ha centrado buena parte de las discusiones sobre políticas socioeconómicas, la mayor parte de las veces con fuertes dosis de demagogia. No resulta plausible, como defiende la izquierda radical populista, blindar la vivienda en la Constitución para que exista un disfrute gratuito de la misma al margen de los casos de verdadera necesidad. No es la Constitución el problema, sino la falta de políticas públicas que den respuestas adecuadas a las necesidades sociales.

Además, los derechos están reconocidos en la Constitución, con garantías, límites y, en algunos, casos con posible suspensión (en los estados de excepción y sitio), además de las suspensiones individualizadas por causa de banda armada u organización terrorista (cláusula que concuerda con las previsiones del Convenio Europeo de Derechos Humanos), con fórmulas amplias que han permitido extensas interpretaciones. El ejemplo paradigmático es el de la igualdad, que ha ido mucho más allá de las previsiones estrictas del texto constitucional y que, al amparo de una interpretación concorde con los tratados internacionales y el derecho de la Unión Europea, aun con fiascos como el de la ley del «sólo sí es sí» y los que puede provocar la «ley trans», han derivado en que España sea considerada como un país pionero en igualdad. Contamos con un sistema multinivel de derechos, formado por la regulación interna, el derecho del Consejo de Europa y de otras organizaciones que generan tratados oficialmente publicados en España sobre los mismos, así como el derecho de la Unión Europea, con la Carta de los Derechos Fundamentales a la cabeza, que es, sin ningún género de duda, el de mayor estándar o nivel de protección de todo el mundo.

No es, pues, en relación al reconocimiento y protección de derechos que el desarrollo constitucional, inserto en ese marco multinivel, puede originar problemas importantes, sino en el hecho de que esa igualdad de derechos para todos los españoles que proclama el art. 131 de la Constitución ha sido puesta en entredicho por la centrifugación competencial habida en muchos ámbitos y, específicamente, respecto de la imposición de las lenguas cooficiales en forma discriminatoria y abusiva. Amén de intentarnos hacer creer que la Constitución avalaría la realización de un referéndum de autodeterminación, con base en lo que denominan «derecho a decidir» o que también sería compatible la Constitución con una modalidad del «derecho de gracia» en forma de amnistía.

Efectivamente, para explicar el problema que se ha originado en España respecto del uso de las lenguas, hay que tener en cuenta que la regulación de la Constitución, de los

Estatutos de Autonomía y las leyes de desarrollo se insertan en un entramado normativo, en el que resultan primordiales los tratados internacionales ratificados y publicados oficialmente, como es el caso de la Carta Europea sobre las lenguas regionales o minoritarias, la jurisprudencia del Tribunal Europeo de Derechos Humanos aplicable en estos casos y la normativa de orientación producida por la Unión Europea. En un análisis integrado podemos llegar fácilmente a la conclusión de que todos los órdenes jurídicos europeos reclaman el respeto a las regulaciones nacionales sobre las lenguas oficiales y cooficiales, del mismo modo que también se establece la necesidad del respeto a las lenguas maternas, especialmente en el marco de la educación, aunque también en el de los medios de comunicación y las relaciones con las administraciones públicas. Y aquí es donde aparece el problema, que ha llegado a ser abordado por la Comisión de Peticiones del Parlamento Europeo en una visita *in situ* a escuelas de Cataluña, apreciándose que las autoridades catalanas no respetan ese marco normativo integrado por el derecho europeo y el derecho interno. La imposición de lenguas cooficiales en el trabajo, en la educación, en la universidad, en la sanidad, en el comercio, en la administración... sin que la persona concernida pueda escoger la lengua de uso, tal como se establece en las regulaciones europeas, porque así lo imponen los gobiernos regionales que malinterpretan la competencia que la Constitución y el Estatuto de Autonomía les confieren en materia lingüística, constituye una verdadera vulneración de derechos fundamentales.

La batalla por la lengua se ha convertido en la batalla por el ejercicio efectivo de derechos fundamentales: no se puede recibir educación en una lengua que no se comprenda suficientemente y las dificultades de aprendizaje que ello conlleva produzca resultados discriminatorios; no se puede exigir, bajo amenaza (y realidad) de despido o de no contratación, un alto nivel en la titulación lingüística complementaria exigida para poder trabajar, máxime cuando se trate de trabajos que no lo requieren bajo ningún orden de consideraciones; no se puede obligar, bajo pena de multas coercitivas o de señalamientos, a que los comercios rotulen en la lengua regional o a que la restauración exija el uso de una determinada lengua en la relación con los clientes. Ello dificulta, además la libre circulación profesional y personal, así como el derecho de establecimiento, que son derechos de ciudadanía europea. No se trata, únicamente, pues, del uso o no uso de una lengua, sino de garantizar o violar el ejercicio de los derechos fundamentales en su conjunto.

Pero aquí tampoco la Constitución es responsable de tales desaguisados. Más bien todo lo contrario, lejos de tener que cambiar la Constitución, es la interpretación y aplicación interesada y discriminatoria sobre el uso de la lengua que tiene lugar en determinadas comunidades autónomas, lo que debe ser revisado.

Ciertamente, de la Constitución, que contiene una amplia regulación de derechos, se han derivado otros, a través de la jurisprudencia del Tribunal Constitucional, considerados como conexos a los inicialmente reconocidos. Por ejemplo, el derecho a intérprete, como esencial para que la tutela judicial sea realmente efectiva; también la admisión del matrimonio entre personas del mismo sexo, en conexión con el derecho a la no discriminación. Esta interpretación extensiva de los derechos constitucionalmente reconocidos, sin embargo, no conlleva que a la Constitución se le pueda hacer decir cualquier cosa, puesto que para que tal interpretación sea constitucional no puede ser contraria a los principios y valores constitucionales, ni puede directamente chocar con cualquier otra regulación constitucional expresa.

Lo constato porque se ha pretendido, por parte del secesionismo y, recientemente, de varios de sus aliados, que la

Constitución podría dar cobertura al derecho de autodeterminación, para justificar la independencia de algunas de las comunidades autónomas, Cataluña y el País Vasco especialmente. O que la Constitución establece un «derecho de gracia» que integra la aplicación de amnistías.

Una vez aprobadas las reformas espurias eliminando la sedición y reduciendo las penas de la malversación, tratando de deslegitimar al Poder Judicial y al Tribunal Constitucional, la infame *mesa de diálogo* que el Gobierno *de progreso* y el secesionismo catalán tienen en marcha pretende abordar el referéndum de autodeterminación en Cataluña. Nos dirán que no es tal, que será *sólo* una *consulta*, cambiando la naturaleza institucional de la democracia participativa, del mismo modo que han dicho que lo que sucedió en 2017 en Cataluña, que primero calificaron de rebelión, ahora no pasa de ser un delito de «desórdenes públicos». El papel todo lo aguanta, pero quizá la ciudadanía no. No traten de engañarnos diciéndonos que eso será como en el caso de Montenegro o del Quebec, avalados por toda la comunidad internacional. Ahora, para ERC *toca* Montenegro, como antes *tocó* Escocia, Canadá, Eslovenia, la vía Báltica o, incluso el Kosovo. Y para el PSC, por boca del antiguo ministro Iceta, *toca* la iluminación del Quebec.

Lo que están afirmando a este respecto no se ajusta a la verdad. El referéndum o, eufemísticamente, la consulta, no se ajusta ni a la Constitución española ni a lo que la Comisión de Venecia, tanto en su dictamen sobre Montenegro, como en lo que el Código de Buenas Prácticas para la realización de referéndums prescribe. Así, en relación con el referéndum declara expresamente que: «El uso de los referendos debe cumplir con el sistema legal en su totalidad, y especialmente con las normas procedimentales. En particular, los referendos no pueden celebrarse si la Constitución o una ley conforme a esta no los estipula, por ejemplo, cuando el texto sometido a referéndum es una cuestión de competencia exclusiva del Parlamento». Lo señalo porque la afirmación es taxativa: «Debe cumplir con el sistema legal» y «no pueden celebrarse si la Constitución o una ley conforme a esta no los estipula». Ni tan siquiera afirma que lo importante es que no los prohíba, pues directamente establece que la Constitución debe estipularlos.

De hecho, muchos países recomiendan establecer un porcentaje mínimo de votos emitidos y de votos válidos favorables para considerar que los resultados responden a una voluntad popular realmente mayoritaria cuando se trata de referéndums sobre cuestiones de especial transcendencia constitucional. Ello es así porque se estima que, en votaciones importantes, sobre todo si van a ser vinculantes, es necesario que el resultado se refuerce con un amplio número de votos favorables (la llamada Ley de Claridad canadiense, por ejemplo y entre otros, que permitiría la secesión del territorio del Quebec) porque se trata de decisiones que condicionan al propio sistema político-constitucional y su estabilidad.

No se cumple este requisito con lo que parece defender la *mesa de diálogo* que han instaurado el Gobierno y el secesionismo (digo parece porque únicamente contamos con informaciones periodísticas al respecto), que supondría que con menos de 1.700.000 votos se podría declarar la independencia de Cataluña. También se ha considerado que el establecimiento de esos umbrales puede favorecer algo que es asimismo considerado legítimo como es la denominada «abstención activa», que precisamente se produce, en forma voluntaria y publicitada, para impedir que pueda ser considerado válido un referéndum como, por ejemplo, el que tuvo lugar en 2016 en Hungría, dirigido a censurar la política migratoria europea, por revestir tintes xenófobos; la abstención fue lo suficientemente alta como para que no se cumplieran los mínimos legalmente establecidos con lo que los resultados del referéndum no pudieron ser considerados válidos.

Además, en dos dictámenes específicos de la Comisión de Venecia, sobre Montenegro en 2005, reiterado en el relativo a Crimea en 2014, exigen el establecimiento de esas mayorías reforzadas, puesto que se trataba de ratificar la creación de nuevos Estados derivados de una secesión. Y esto teniendo en cuenta que, en ambos países, su sistema jurídico-constitucional había previsto la admisibilidad de tales referéndums, al contrario que el nuestro que, como recuerdan bien los constituyentes, tal posibilidad fue expresamente rechazada durante la elaboración del texto constitucional.

La Constitución, que se fundamenta, desde la de Cádiz en 1812, en la soberanía nacional atribuida al pueblo español, no a las Cortes ni al Gobierno, ni a una porción del territorio, ni a los partidos políticos, exige que, para la realización de tal referéndum o consulta, intervenga el conjunto del pueblo español. Así lo establece claramente el art. 92. 1 CE: «Las decisiones políticas de especial trascendencia podrán ser sometidas a referéndum consultivo de todos los ciudadanos». No cabe duda de que la segregación de una comunidad autónoma es un asunto de especial trascendencia política, que compete a toda la nación. Y no contiene, nuestra Constitución, repito, disposición alguna reguladora o autorizadora de la autodeterminación de una parte del territorio español, como pretende el secesionismo. Para que ello pudiera darse, sería necesario reformar previamente la Constitución, tal como ha establecido el Tribunal Constitucional al declarar la inconstitucionalidad y nulidad de la Ley de Cataluña 19/2017, de 6 de septiembre, denominada «del referéndum de autodeterminación». Si, además, buscan Vds. en la sede electrónica de Naciones Unidas, la página web dedicada a la autodeterminación, encontrarán a los territorios que están en proceso de autodeterminarse y, entre ellos, no verán ni la más mínima referencia a Cataluña.

Precisamente es Naciones Unidas quien regula la autodeterminación, como derecho de los pueblos coloniales (no me van a decir que Cataluña es una colonia española, pese a que repetidamente nos están llamando *colonos* a los constitucionalistas catalanes) y, también, la secesión, como derecho de los pueblos sojuzgados, es decir, aquellos cuya población está sometida a vejaciones y discriminaciones por parte de la entidad en la que se insertan; tampoco es de recibo pensar que una comunidad autónoma con derecho propio, gobierno propio, parlamento propio, policía propia, etc. como es el caso de Cataluña (como las del resto de España, salvo en el caso de la policía y poco más) está siendo sojuzgada por España.

A mayor abundamiento, la inserción de España en la Unión Europea, convierte el asunto de la pretendida autodeterminación de Cataluña en un problema europeo. El art. 4.2 del Tratado de la Unión Europea es explícito al respecto: «La Unión respetará la igualdad de los Estados miembros ante los Tratados, así como su identidad nacional, inherente a las estructuras fundamentales políticas y constitucionales de estos, también en lo referente a la autonomía local y regional. Respetará las funciones esenciales del Estado, especialmente las que tienen por objeto garantizar su integridad territorial, mantener el orden público y salvaguardar la seguridad nacional. En particular, la seguridad nacional seguirá siendo responsabilidad exclusiva de cada Estado miembro». La garantía de la integridad territorial, además, ha sido abordada por el Parlamento Europeo que ha declarado, por amplia mayoría, que la autodeterminación no es posible en el territorio de los Estados miembros de la Unión Europea. La decisión fue tomada por 487 votos en contra, 37 abstenciones y 170 votos a favor. Como no podía ser de otra manera, votaron a favor de la autodeterminación Podemos y también los eurodiputados de Bildu, ERC y PNV. Nótese pues, que populares y socialistas votaron en contra. Habrá que recordárselo a nuestros ministros y al propio presidente Sánchez para cuando se sienten, ellos o sus enviados y *su mediador*, en la *mesa de negociación*.

Otra peculiar interpretación, que tenemos encima de la mesa, es respecto de si el «derecho de gracia» que incluye nuestra Constitución da cobijo para amnistiar a los golpistas condenados por sedición (luego indultados) y malversación, con la pena añadida, algunos, de inhabilitación para ocupar cargo público, así como a los que huyeron de la justicia y se encuentran en el extranjero y a los que están siendo procesados en sendas causas por los hechos que acompañaron al golpe contra la Constitución habido en Cataluña.

La Constitución otorga al rey la facultad de ejercer la «prerrogativa de gracia» al mismo tiempo que prohíbe los indultos generales. El hecho de que no menciona a la amnistía origina que, desde el secesionismo, el populismo y el autodenominado *progresismo*, se afirme que, al no prohibirla, la Constitución la permite. También en este caso, como en el del derecho de autodeterminación, la constituyente rechazó de plano incluir la amnistía en la Constitución; el Diario de Sesiones y el Boletín Oficial de las Cortes dan buena cuenta de ello. Y, también en este caso, para considerar que el silencio de la Constitución pudiera ser entendido como instrumento habilitante, sería necesario que ello no contraviniera valores, principios y otras regulaciones constitucionales. Incluso ponentes de la Ley de Amnistía de 1977 adoptada en plena Transición, como Rafael Arias Salgado, o ponentes constitucionales como Herrero de Miñón consideran lisa y llanamente inconstitucional la proposición de ley de amnistía que se está tramitando actualmente.

Las amnistías, efectivamente, se suelen otorgar en los tránsitos de dictaduras a democracias, como se hizo en 1977, facilitando que los presos políticos quedaran libres de responsabilidades penales, precisamente para que el tránsito de la dictadura a la democracia pudiera realizarse con el máximo consenso y contando con todas las fuerzas de oposición. Y cuando digo presos políticos me refiero a los de verdad, no los que han gozado de todo tipo de prebendas, indulto incluido, durante y a pesar de la condena que les impuso el Tribunal Supremo por sediciosos y malversadores, cuando el Código Penal de la democracia incorporaba esos delitos en su sentido primigenio, mejorable, sin duda, pero acordados y aprobados por la Ley Orgánica que alumbró al Código de 1995.

¿Es lo mismo indulto que amnistía? Evidentemente no. Se trata de dos instituciones jurídicas diferentes, como son distintas, aunque sean parecidas, la propiedad y la posesión o el arrendamiento y la enfiteusis. Por lo tanto, cada una de ellas ha de tener unos sujetos activos y pasivos, un contenido, una función, un procedimiento de concesión, unos efectos, garantías y límites propios. Con ello se otorga a cada una su propio significado jurídico. Eso no lo digo yo. Lo afirman nuestros clásicos y modernos, desde Santi Romano, Hauriou, Häberle o Maccormick, por poner unos ejemplos. Si a ellos, añadimos a Kelsen, padre de los actuales conceptos de seguridad jurídica y jerarquía normativa, resultará que tendremos que averiguar la configuración jurídica del indulto y de la amnistía a través de sus normas reguladoras, empezando por la Constitución y siguiendo con las leyes y reglamentos. Por lo tanto, tendremos que indagar si, además de la prohibición constitucional del indulto general y el silencio constitucional sobre la amnistía, existen normas que las regulen.

Contamos con una ley reguladora del indulto. Se adoptó en 1870 y la última modificación aprobada de la misma es de

2015. La ley lo configura como una medida de gracia individualizada que se puede solicitar y aplicar a personas concretas que estén condenadas por sentencia firme. Se trata, pues, de una condonación o perdón de la pena impuesta y para que ello pueda hacerse efectivo contamos con jurisprudencia del Tribunal Supremo. Por ejemplo, la sentencia que se adoptó tras el controvertido indulto de los condenados por sedición y malversación durante el frustrado intento golpista (la *ensoñación*) del secesionismo catalán que tuvo lugar en 2017. En ella se reafirmó la individualización de esta institución jurídica. También se consideraba que los indultados debían, en cierto modo, *arrepentirse* del delito cometido, pero esto fue *pecata minuta* en la hoja de ruta que el Gobierno actual, con plenas competencias y conocimiento de causa, estableció para contribuir al blanqueamiento de los golpistas. Camino, pues, de nuevos indultos individualizados, están todos aquellos procesados que se agrupan, junto a sus cómplices, en un «lo volveremos a hacer» y, en paralelo, ahora pretenden también obtener otra *gracia*, a través de una amnistía, a cambio de apoyar la investidura de Pedro Sánchez como presidente del Gobierno de España y de mantenerlo como tal en la legislatura más convulsa de nuestra democracia.

La Constitución, como he constatado, nada dice en relación con la amnistía. Otras constituciones sí lo hacen: La italiana en su artículo 79, la francesa en su artículo 34 y la portuguesa en su artículo 164, en todos los casos formulada como competencia del Parlamento y en el caso de Italia mediante ley que cuente con una gran mayoría, con dos tercios de la cámara, la misma que se exige para la reforma constitucional. Pero no así la nuestra.

Nos estamos deslizando por una pendiente harto peligrosa. Todos los Estados regulan en sus códigos penales los delitos contra el orden constitucional. Una conducta equivalente a lo que ha sido el delito de sedición en la mayor parte de códigos penales está tipificada como de «alta traición» con penas muy elevadas o incluso, con prisión permanente. La *rebaja* en el delito de malversación está en el punto de mira de la Comisión Europea, puesto que, según cómo se aplique, infringe directamente la normativa anticorrupción europea. Negociar con delincuentes su propia impunidad, a modo de autoamnistía, nos aproxima al *far west* más que a nuestros socios europeos. Claro que, para intentar justificar la amnistía, lo van a *vestir* de más democracia, de facilitar la formación de un gobierno de *progreso* o de trabajar por la mejora de la convivencia en Cataluña. Pero saben que todos esos eufemismos no son más que eufemismos. No sólo lo sabemos los que nos hemos opuesto o nos oponemos al golpismo antidemocrático, sino que también lo saben los que quieren «hacer de la necesidad virtud».

Si reflexionan un poco, pueden darse cuenta rápidamente de que, si la defienden, es sólo a cambio de unos pocos votos dirigidos a obtener la investidura de un determinado candidato. No hay más. Todos los argumentos que esgrimen, desde la mejora a la convivencia en Cataluña, a seguir construyendo una España de progreso, etc., no son más que pura palabrería.

Si finalmente la ley llega a ser adoptada, no tengo dudas de que será recurrida, tanto en el ámbito interno, como en el europeo. Los recursos de inconstitucionalidad no son suspensivos de la norma impugnada (se podría intentar, aunque veo difícil, dada la continua deferencia que está teniendo el actual Tribunal Constitucional con las finalidades gubernamentales); tampoco van a ser suspensivas, por la forma torticera con que la proposición de ley regula las medidas cautelares, las cuestiones de inconstitucionalidad que serían seguramente interpuestas en el procedimiento de aplicación de la ley. Pero sí lo son, por aplicación directa de la regulación de los tratados de la UE, y el reglamento de funcionamiento del Tribunal de Justicia de la Unión Europea las cuestiones prejudiciales ante este Tribunal, cuya admisión a trámite implica la suspensión hasta que se dicta la sentencia sobre el fondo.

La Comisión y el Parlamento europeos han recibido múltiples estudios, cartas, denuncias, pliegos de firmas, en los que se constata una ingente oposición jurídica a esta ley de amnistía, por inconstitucional y porque representa un peligro para la eficacia del Estado de derecho como valor de la UE. Ello ha derivado en que se hayan iniciado las correspondientes investigaciones para dilucidar si esta puesta en riesgo comportará que la UE inicie procedimientos, políticos y/o jurídicos contra España. El hecho de que esta amnistía se inserte en el conjunto de unos pactos de investidura que, como he señalado en anteriores ocasiones, ponen a los jueces en el punto de mira, pretenden hacer la vista gorda con las malversaciones que han tenido lugar durante los últimos tiempos, no solamente con motivo del golpe contra la Constitución, o que el conjunto de los parámetros de verificación del Estado de derecho establecidos por la Comisión de Venecia queden temblando tras las políticas que ponen en entredicho a los órganos constitucionales, ha derivado en tomas de posición de las instituciones europeas que pueden convertirse en una aplicación de instrumentos de sanción, conllevando incluso la retirada de fondos. El Parlamento Europeo incluso ha aprobado una reforma de las directivas anticorrupción prohibiendo que se puedan conceder indultos o amnistías a quienes malversen fondos europeos. Falta todavía la decisión final del Consejo, pero no va a ser difícil contar con la mayoría necesaria para su aprobación definitiva.

No es, pues, fácil, justificar jurídicamente que el «derecho de gracia» pueda cobijar a la amnistía. Más bien lo contrario pues, además de anticonstitucional, sería contraria al derecho europeo. Es tan claro y meridiano, que ni tan siquiera pienso que sea necesario introducir en la Constitución una prohibición expresa de esta modalidad del «derecho de gracia».

Sí podría ser oportuno incluir en la Constitución algunas cláusulas que tuvieran en cuenta en qué modo las nuevas tecnologías pueden crear derechos, destruirlos o hacer que cambien su significado. También reformarla eliminando la referencia a la pena de muerte dentro del artículo que regula el derecho a la vida, puesto que en la Unión Europea se ha blindado que tal sanción no pueda existir.

En el marco de la Unión Europea, además, hemos puesto en relieve la necesidad de actualizar los derechos de ciudadanía, teniendo en cuenta la dimensión digital que pueden cobrar con los desafíos científicos actuales. Los derechos digitales de ciudadanía constituyen una novedad, obligada por la evolución de los medios telemáticos. Se trataría del acceso a Internet como derecho universal y la accesibilidad universal en el entorno digital, en conexión con la carta de ciberseguridad que prepara la Comisión; el derecho a la identidad en el entorno digital, a la gestión de la propia identidad y a la instauración de garantías para poder acreditar la identidad en los entornos digitales, también en conexión con la carta de ciberseguridad; la protección de los datos en el entorno digital, con respeto a los principios de licitud, lealtad, transparencia, integridad y confidencialidad, que el Consejo considera compatible con los tratados, salvo si se tratara de establecer sanciones; el derecho a la herencia digital de la persona fallecida, que sería de nueva creación y que podría ser abordado a través de las competencias transfronterizas en materia de derecho de familia; derechos relativos a la inteligencia artificial, con supervisión e intervención humana, comprendiendo a las neurotecnologías, también en conexión con la carta de ciberseguridad de la Comisión. Quizás no sea necesario incluirlos todos en una reforma constitucional, pero sí los más relevantes o los que más incidan en la vida cotidiana de las personas.

Estos serían derechos nuevos, pero incluso los clásicos, los que ya están reconocidos por la Constitución, pueden ser reconducidos a una nueva dimensión. Por poner un ejemplo, hasta hace relativamente poco tiempo situábamos jurídicamente a la intimidad dentro de los denominados «derechos de la personalidad», y la circunscribiríamos al ámbito personal y/o familiar. Con ello nos referíamos a una esfera de la vida que queríamos preservar frente a los demás, evitando intromisiones que considerábamos ilegítimas.

¿Cómo ha evolucionado la configuración jurídica de la intimidad a medida que han ido avanzando a su vez las nuevas tecnologías? Se ha pasado de tener que analizar jurídicamente los *datos*, a abordar los desafíos técnicos y los avances en la investigación científica, que abarcan prácticamente todos los aspectos de la vida y, también, de la muerte. En efecto, podemos preguntarnos, por ejemplo, ¿qué hacer con las redes sociales de una persona fallecida?, ¿quién puede disponer sobre ellas *post mortem* cuando se trata de un conjunto de datos, informaciones, opiniones, etc. que únicamente vinculan a quien las ha emitido? ¿Sería necesario, al respecto, disponer de una especie de *testamento vital cibernético*? Todo se ha complicado, en todos los ámbitos, pues también cabe pensar en la regulación que afectara *post mortem* a los tejidos humanos cedidos a un banco de tejidos con la finalidad de ser utilizados por el donante cuando fuera indicado o necesario, tal como se ha hecho, jurisprudencialmente, con los embriones humanos y su material genético.

Más complicado todavía, podríamos entrar en lo que ahora se denomina el *metaverso* y la posible compra de material incorporado telemáticamente a tales «sistemas tecnológicos». El uso de drones, la robótica... En todos estos casos, se debe ponderar su uso legal con el respeto a la protección de datos y la intimidad de las personas. Pero, ¿mediante qué garantías y límites? No estamos ya ante el mero uso de datos, sino ante un desafío enorme que tendrá que ser abordado con mucha mayor energía de la que los legisladores y los operadores jurídicos han desplegado hasta el momento. Seguramente una protección específica frente a la afectación de derechos por las nuevas tecnologías tendría que tener algún reflejo constitucional. Y ello aun teniendo en cuenta que, en estas materias, la realidad puede estar a años luz de la regulación que puede estar vigente en el futuro inmediato.

Por último, quiero hacerme eco también, en el marco de esta reflexión sobre los derechos constitucionales, a lo que, en el derecho de la Unión Europea, especialmente en la Carta de los Derechos Fundamentales, ha sido denominado como derecho a una buena administración. Es evidente que este derecho no está incluido explícitamente en la Constitución de 1978; ni podía estarlo, puesto que el concepto todavía no había sido acuñado. Se trata, también, en este caso, de una reformulación de derechos que han ido apareciendo en textos legislativos y en la jurisprudencia, pero que equivaldrían, en el ámbito administrativo, a lo que es la tutela judicial efectiva en el marco jurisdiccional, puesto que a partir de las decisiones judiciales se están incorporando al procedimiento administrativo las garantías que inicialmente estaban sólo previstas para los procedimientos jurisdiccionales. Cada vez más, como ciudadanos, estamos afectados por múltiples decisiones administrativas que hasta hace relativamente poco tiempo eran manifestaciones del *imperium* que se consideraba propio de la administración frente al cual poco podíamos hacer. Y cada vez más, la invasión del ámbito ciudadano por la actividad administrativa, ha venido precisando de la instauración de límites y garantías, porque, aunque se pretende, por principio, que la administración siempre actúa en el marco de la ley, incluso una actuación formalmente legal puede lesionar los derechos. De ahí que fueran surgiendo estos derechos a la buena administración.

Mencionaré, entre ellos, los que considero más significativos en el mundo actual. Uno de ellos es el derecho a que las instituciones y órganos de la administración traten los asuntos en forma imparcial, equitativa y dentro de un plazo razonable; se trata, en este caso, de la asimilación de derechos que anteriormente se predicaban respecto de los órganos jurisdiccionales, que la evolución de la doctrina y la jurisprudencia han trasladado también a las funciones de cualquier administración. También el derecho a ser oído antes de que se tome, por parte de un órgano administrativo, una medida individual que afecte desfavorablemente a su destinatario. El derecho de toda persona a acceder al expediente que le afecte, respetando los intereses legítimos de la confidencialidad y el secreto profesional y comercial. El derecho a que todas las decisiones estén motivadas, que pasaría a ser, al mismo tiempo, una obligación de la administración. Y, también, el derecho a la reparación por los daños causados por los órganos administrativos o sus agentes en el ejercicio de sus funciones. Todo ello teniendo en cuenta que una buena administración no puede ser discriminatoria, sino que debe garantizar al máximo la igualdad de derechos en todo el territorio, ya que está sujeta a las cláusulas generales de la Constitución, además de a sus regulaciones específicas.

Aunque el derecho a una buena administración nos es aplicable por formar parte del derecho de la Unión, aunque no esté constitucionalmente reconocido, no estaría de más introducirlo en una hipotética reforma constitucional como símbolo de la sujeción de la Administración al Derecho, en aras de visibilizar la debida protección de los derechos de las personas en sus relaciones con las administraciones públicas. Al mismo tiempo, una generalización de este derecho, por ser la Constitución aplicable en toda España, actuaría en positivo para garantizar la igualdad de derechos en todo el territorio nacional. Que no volviera a suceder como cuando, durante la pandemia, incluso con un estado de alarma declarado, la desidia manifestada por las autoridades centrales transfiriendo a las comunidades autónomas la gestión del grave problema sanitario (y económico) frente al que nos encontrábamos, hacía que, por ejemplo, un transportista tuviera prácticamente que hacer un máster cada vez que atravesaba el territorio de una comunidad autónoma hacia otra, puesto que las medidas que afectaban a los confinamientos, su duración, su extensión territorial, etc. variaban al pasar de una a otra. Por no entrar en cómo se interpretaban las medidas sanitarias en cada una de ellas. No es una buena administración la que obliga al ciudadano a una práctica que deriva en que sus derechos son más o menos efectivos según el lugar en el que resida.

Se ha sugerido, también, en diversas ocasiones, hacer lo mismo que se ha hecho en otros países, constitucionalizando la vinculación a la Carta de los Derechos Fundamentales de la Unión Europea, en los propios términos de la Carta. También mencionar explícitamente al Convenio Europeo de Derechos Humanos. Y a la jurisprudencia de los dos tribunales europeos, el de Luxemburgo y el de Estrasburgo. Posiblemente sería necesario incluir una cláusula sobre el nivel de protección que se tendría que aplicar cuando la regulación interna o de algún otro tratado internacional ratificado por España, ofreciera una protección mayor que la propia Carta. Es importante, al respecto, considerar que la regulación de un mismo derecho en cada uno de los distintos niveles puede parecer similar, pero ser en realidad diferente, por lo que sería pertinente introducir una cláusula de garantía sobre el mejor estándar.

Como podemos apreciar en una lectura de lo que sería nuestro sistema de derechos, multinivel —pues hay que tener en cuenta la dimensión jurídica europea de los mismos—, son pocos los aspectos que entiendo deberían ser objeto de reforma constitucional. También este ámbito es más la mala praxis la que debe ser eliminada, especialmente para no pretender que la Constitución regule lo que no regula, para garantizar la igualdad de derechos en todo el territorio nacional y para poner el texto constitucional al día en aspectos que no era posible tenerlos en cuenta en el momento de redactar la Constitución: los derechos frente a las nuevas tecnologías o el derecho a la buena administración, por ejemplo, así como la interrelación entre el sistema interno y el sistema europeo de derechos.

# Capítulo 7
# Reforma, ruptura o mutación constitucional

Llegados a este punto, cabe preguntarse si, aun con los problemas evidenciados y teniendo en cuenta lo que seguramente sería bueno reformar en nuestra Constitución, el núcleo central de la misma goza o no de buena salud. Porque los hay que preconizan la ruptura con el sistema por ella creado o, alternativamente, ir provocando mutaciones constitucionales que nos sitúen bajo otro régimen. Como tienen que justificarse o, al menos, parecer que lo hacen, esgrimen argumentos populistas centrados en que deberíamos hacer, como mínimo, un referéndum para determinar si queremos regirnos por la Constitución actual o cambiarla por otra.

Ligan, además, el tema de la reforma al del referéndum, sin tener en cuenta que, del mismo modo que están en vigor constituciones que no fueron aprobadas en referéndum, no siempre se exige este para aprobar la reforma constitucional. Esta observación viene al caso porque, como los ojos del Guadiana, emerge el debate acerca de si, al haber sido aprobada la Constitución por referéndum del pueblo español en 1978, buena parte de la población actual no se habría pronunciado sobre ella, y, como consecuencia, habría perdido su legitimidad. Incluso la detestan más, porque las tres reformas del texto originario que se han efectuado no precisaron, al no recaer en las partes de la Constitución que lo exigen, de la realización de referéndum alguno.

Esgrimen, quienes defienden tan peregrina idea, que la Constitución debería ser votada por cada generación. Se hacen aparentemente eco del lema que Jefferson acuñó en sentido lógico-revolucionario, estimando que cada 20 años se tenía que renovar el «espíritu constituyente»; porque «el árbol de la libertad debe regarse de vez en cuando con la sangre de patriotas y tiranos». Y, aunque ni él mismo puso en práctica tal *boutade*, tal afirmación constituye una de las bases de las que parte la trascendental problemática de la reforma constitucional. Pues es cierto que las constituciones, como reflejo de la sociedad que rigen, bien se adaptan al cambio histórico, bien sencillamente acaban perdiendo su eficacia.

Las constituciones tienen o deben tener voluntad de permanencia y, por ello, suelen establecer mecanismos reforzados de revisión, más complicados que los cambios en las normas con valor jurídico inferior. Esta permanencia está ligada —se puede comprobar empíricamente— con la voluntad de estabilizar, al mismo tiempo, la vida política y económica, es decir, con una cierta voluntad de reforzar el bienestar social. Por ello cuentan con procedimientos de reforma complicados que, a veces, no siempre, exigen votación en referéndum.

Pero es falso, por otra parte, que los instrumentos de democracia directa, como es el referéndum, otorguen sin más un mayor grado de legitimidad a una decisión o a un sistema políticos. Durante el franquismo, se realizaron dos. El primero para aprobar la Ley de Sucesión en la Jefatura del Estado; el segundo con la Ley Orgánica del Estado. Según aquella sesgada forma de estimar el valor del referéndum, si en cuarenta años se hicieron dos, se ganó además la legitimación generacional cada 20 años. ¿Significa ello que fue democrático el sistema del Caudillo?

Con el de aprobación de la Constitución de 1978, se han hecho tres referendos nacionales en España. Los otros dos fueron el de permanencia en la OTAN en 1986 y el del malogrado Tratado Constitucional europeo en 2005. Las tres reformas constitucionales que se han producido, para posibilitar el sufragio pasivo de extranjeros, bajo criterios de reciprocidad, para garantizar el equilibrio presupuestario y para sustituir el concepto de disminuidos por el de discapacitados, han recaído sobre materias que no precisan de la realización de referéndum alguno, añadiendo al respecto que se hubiera podido realizar si lo hubieran pedido una décima parte de los miembros de cualquiera de las cámaras —como se ha señalado antes—; pero nadie lo solicitó. Ciertamente, España no es de los países que más se inclinan por realizarlos.

Francia, que ha hecho más de setenta (pero muchos de ellos sobre puntos muy concretos de la Constitución) e Irlanda, con cerca de treinta son los países de la Unión Europea que más referéndums han realizado. Existen también países por detrás de España, como Holanda y Bélgica, con sólo uno desde que adoptaron sus constituciones. Suiza es un caso aparte, pues el referéndum, por influencia rousseauniana, es un método «ordinario» de decisión política, sobre todo, en el ámbito cantonal.

En este punto, cabe preguntarse si son estos países los referentes de quienes promueven esa «ratificación por referéndum generacional» de la Constitución en España («porque si no el sistema pierde legitimidad»); o resulta que su *inspiración* surge de otros regímenes, muy alejados del nuestro y de los Estados de la Unión Europea y más cercanos a lo que se ha denominado «nuevo constitucionalismo» de corte bolivariano, es decir, pletóricos de populismo.

La Comisión de Venecia, recordemos, ha adoptado una Guía de Buenas Prácticas sobre Referéndums (2020), en el que se indican las condiciones que deben cumplir estos instrumentos de democracia directa, entre los cuales cabe destacar la necesidad de contar con habilitación jurídico-constitucional para hacerlos y aceptando la necesidad de establecer quórum de votantes y de votos favorables para considerarlos válidos y legítimos. No podemos obviar ni olvidar dónde estamos insertos, so pena de pretender establecer comparaciones entre instituciones e intenciones no comparables.

Al margen de estos aspectos cuantitativos, cabe también referirse a elementos cualitativos; pues, en el fondo, si hablamos de referendos sobre la Constitución, estamos devolviendo la palabra al soberano, ya sea sobre un poder constituyente originario, ya sea respecto del poder constituyente de reforma. Los italianos, con Mortati a la cabeza, han insistido mucho en delimitar estos dos supuestos; pues no es lo mismo el establecimiento de una constitución *ex novo*, rompiendo con el sistema vigente, que reformar la constitución en vigor, realizando un *aggiornamento*, que, quizás, podría obtenerse por otros métodos.

El referéndum, como plebiscito, se opone a la esencia de la democracia como diálogo y participación y, sobre todo, como deliberación propia de la representación. Su aparente simplicidad, reduciendo a dos posibilidades la respuesta de la ciudadanía a cualquier pregunta (sí o no) desemboca en respuestas emocionales, no en la expresión racional de un voto sobre distintas opciones políticas, que tienen propuestas propias, coincidentes o no, sobre la acción política, el contenido de una norma o la organización de los órganos de toma de decisión.

Literalmente, el referéndum legitimador de un sistema político-constitucional por parte de las sucesivas generaciones (método de ratificación de la teoría del «mandato democrático», que esta institución aseguran que comporta) sigue fielmente las construcciones político-jurídicas que, en el período de entreguerras, consolidaron la denominada regla de la mayoría, subvirtiendo la esencia del concepto de democracia que tan trabajosamente se había ido abriendo paso durante el siglo XIX y principios del XX, es decir, la idea de la democracia de la integración propiciada por Smend, del respeto de las minorías exigido por la Sociedad de Naciones o de los derechos como límites al poder en el marco del parlamentarismo racionalizado defendido por Mirkine-Guetzevitch.

Contra esta concepción de la democracia, fraguada para intentar evitar la repetición de las situaciones que originaron la Primera Guerra Mundial, la schmittiana regla de la mayoría, aplicada sin mayor argumento que la fuerza de los votos y retorciendo el funcionamiento de las instituciones, facilitó el acceso al poder de las más tiránicas formas de opresión y de humillación del individuo, de exclusión social y de exterminio del disidente. Eso sí, con la aprobación plebiscitaria de las enloquecidas y visionarias propuestas del todopoderoso líder, conductor de la nación y hacedor de la nueva y perfecta sociedad. Y es que, para ellos, que también tenían un «mandato democrático», la regla de la mayoría todo lo podía. La regla de la mayoría no se equivocaba. La regla de la mayoría todo lo justificaba. Y si era en referéndum más.

Los populismos que promueven tal *metodología*, ni siquiera se plantean un programa de reformas constitucionales concretas, pues consideran que ello se irá haciendo progresivamente mediante una praxis política que incluiría reformas constitucionales encubiertas; complementariamente, afirman, se trataría de abrir directamente un proceso constituyente para plebiscitar una constitución *ex novo* y de parte. En suma, una constitución ideológica, no consensuada, que respondiera a su programa de partido. El plebiscito se utilizaría como carta de legitimación. Nada que ver con las reflexiones aquí reflejadas, respecto de qué regulaciones constitucionales sería bueno reformar y cuáles podrían mantenerse.

Además, la consulta a la población no es lo único que legitima a los sistemas políticos democráticos. El ritual procedimental del debate democrático, no limitado a decir sí o no en una consulta, construye precisamente el elenco de las garantías que pueden impedir el uso torticero del voto; porque se trata, como afirma Ferrajoli, de asegurar unos contenidos de respeto del Estado constitucional, de democracia, libertad y derechos fundamentales. Ello se va ratificando día a día, con la interpretación, desarrollo y puesta en práctica de todos esos derechos, obligaciones, principios y valores que se plasman en las constituciones, cuando se elaboran y adoptan para que den estabilidad a las sociedades actuales. Es esta práctica de la constitución, lo que Aragón denomina una realidad que ha de conquistarse a diario, lo que fundamenta la legitimidad de los sistemas; porque permite analizarlos y practicarlos en su complejidad, huyendo de ratificaciones plebiscitarias y de simplificaciones interesadas.

Para saber hacia dónde podemos orientarnos para intentar salir de la situación de bloqueo, político e institucional, que tenemos en España, en estos momentos en los que tanto nos jugamos y en los que nos planteamos en qué medida nuestra Constitución responde a nuestras necesidades, quizás sea bueno recordar de dónde venimos. Porque, aunque nos situamos, con ciertos problemas, en el marco de las democracias consolidadas, nuestra situación no es la misma que la de otros países, ya que la Constitución de la que nos dotamos en 1978, aunque se inspiró en ellas y se tuvo en cuenta la experiencia constitucional de las democracias europeas, no surge de las mismas circunstancias que las del resto.

Cuando te acercas a Piazzale Loreto, en Milán, todavía parece rugir la muchedumbre ante los cuerpos inertes de Benito Mussolini, Clara Petacci y otros tres prebostes del fascismo, colgados por los pies, en lo alto de una hoy inexistente estación de servicio (habían sido fusilados con anterioridad). Se trata de una plaza fría, como lo es ese Milán donde hoy nada hace recordar los tremendos sucesos que tuvieron lugar allí al finalizar la guerra. El fascismo había sido vencido por las armas. Y los vencedores se tomaron su venganza.

También hubo vencedores y vencidos, aunque sin tanta escenificación dramática, en Portugal y en Grecia, cuando cayeron las otras dos dictaduras del sur de Europa. En Grecia, la crisis con Turquía (a cuenta de Chipre, que acabó, y todavía continua, partida en dos, con el norte ocupado *de facto* por los turcos) terminó con la caída del régimen y la posterior condena judicial de los militares golpistas, que habían actuado contra Makarios, el gobernante autóctono de Chipre, porque los coroneles griegos querían disminuir su creciente desprestigio con una victoria militar, anexionándose la isla (lo llamaron *enosis*). En Portugal, la revolución de los Claveles, originada por el descontento de los militares destinados en África (básicamente en Angola y Mozambique, donde se había librado una larga guerra colonial) también provocó la caída del salazarismo, iniciándose así un sistema democrático que se consolidó no sin problemas debido a la gran influencia que los llamados «capitanes de abril», con fuerte componente izquierdista, desarrollaron al inicio de la democracia, hasta que los militares fueron apartados de la política, se suprimió el Consejo de la Revolución y se consolidaron los partidos políticos civiles. En ambos casos, es decir, en Grecia y en Portugal, el componente exterior fue determinante, como lo había sido para el establecimiento, o restablecimiento según los casos, de la democracia después de la Segunda Guerra Mundial, en los países que no cayeron bajo la órbita comunista.

Sin embargo, en el caso de España, no se produjo una derrota militar del franquismo, ni tampoco existieron factores o intervenciones exteriores que determinaran su finalización, a pesar de que en algunos sectores de la oposición existió durante un tiempo la creencia de que el triunfo de los Aliados podía conllevar la caída del régimen (a ello se intentaron aplicar los maquis, esperando poder unirse en paseo triunfal a los vencedores europeos y americanos cuando, según creían en la clandestinidad, cruzaran los Pirineos para deponer a Franco). Pero Franco se murió en la cama, le pese a quien le pese. Y la transición a la democracia fue el resultado de un acuerdo amplio entre quienes consideraron que el franquismo ya no se correspondía con los tiempos y quienes se habían opuesto a él, con mayor o menor fuerza y resultados, especialmente en los últimos años de la dictadura.

No hubo, repito, pues, en España, vencedores y vencidos. Nada de Piazzale Loreto, ni condenas a militares golpistas, ni claveles en los fusiles. Los Pactos de la Moncloa dieron paso a la legalización de los partidos políticos y a la Ley para la Reforma Política, antesala de la Constitución de 1978, que fue adoptada por primera vez en nuestra historia con un amplio consenso y permitiendo gobiernos en alternancia. Nos dotamos, pues, de una constitución que bien podría reclamarse, de no ser nosotros, aquí, tan timoratos y acomplejados, como inserta en los valores del patriotismo constitucional.

Una constitución que, además, nos abrió las puertas de Europa. Al Consejo de Europa primero, nada más aprobada la Constitución, y a la Unión Europea (inicialmente a las

Comunidades Europeas) después. La Constitución cuenta, desde su inicio con tres artículos, el 10.2, el 93 y el 96, que construyen lo que se ha considerado, actualmente, como introductorios del constitucionalismo multinivel, que nos permite dar coherencia a un ordenamiento jurídico complejo, en el que los tratados internacionales y el Derecho de la UE tienen una posición concreta, fundamentada en la primacía del derecho de la Unión y teniendo en cuenta la integración interna de los tratados internacionales a partir de su publicación oficial como normas con valor de ley. De ahí que, de las tres reformas constitucionales habidas hasta la fecha, dos (el sufragio pasivo para extranjeros en condiciones de reciprocidad y la garantía del equilibrio presupuestario) se han realizado para garantizar la coherencia de ese ordenamiento, como consecuencia del proceso de integración en la UE.

Es necesario señalar, para entender en qué puede consistir una reforma constitucional, que en las constituciones subsisten elementos jurídicos estrictamente unidos a los problemas políticos y al funcionamiento de las estructuras sociopolíticas, los cuales evolucionan y cambian en dependencia de múltiples factores. El derecho constitucional, en este sentido, está sujeto a una mudanza de paradigmas explicativos que hay que saber determinar en cada momento histórico, porque no todos sirven en todo momento. Además, el carácter integrador de la constitución, consolidado tras la segunda postguerra mundial, permite que se puedan prever distintas materializaciones en su concreción legislativa y las distintas políticas públicas que, en los sistemas democráticos, derivan de una misma constitución, evidenciando una significativa muestra de la no existencia de una única respuesta constitucionalmente válida. El pluralismo y la alternancia, como he explicitado anteriormente, constituyen ejes ineludibles del sistema.

De este modo, mientras la interpretación sea suficiente para realizar la adaptación de la Constitución a las necesidades sociales, no es necesario desencadenar los mecanismos legales de reforma constitucional y la reforma sólo será necesaria cuando, con la interpretación, no se consigan los objetivos finales de adecuación entre derecho y sociedad.

Sentado, pues, el principio de que si es posible interpretar los preceptos constitucionales, para adaptarlos a las necesidades sociales, sin desnaturalizarlos, no es necesario reformar la Constitución, también hay que afirmar el principio contrario, es decir que, si se llega a la conclusión de que tal interpretación no es posible, se impone la necesidad de reformarla.

Otra cuestión importante, en relación con la reforma constitucional es si existen o no cláusulas de intangibilidad, es decir, si las constituciones prohíben que se reformen determinadas cuestiones. Estas cláusulas, que no existen en todos los Estados miembros de la UE, pero que no constituyen previsiones excepcionales puesto que bastantes Estados cuentan con ellas, afectan a lo que en cada país se considere como núcleo intangible, que debe ser preservado para no originar la ruptura del sistema. Así, en Alemania no se puede suprimir el federalismo, ni la participación de los Lander en la elaboración de la legislación ni los principios de protección de dignidad humana y sujeción de los poderes públicos a los derechos fundamentales y los fundamentos del orden estatal, como son allí el federalismo, la democracia o el Estado de derecho y el derecho de resistencia contra cualquiera que intentare destruirlos. En la República Checa, desde la Constitución de 1992, que ha sido reformada en varias ocasiones, son intangibles los principios del Estado democrático y la separación de poderes. En Chipre, según la Constitución de 1960, no se pueden reformar la forma republicana, el sistema presidencial con un presidente griego y un vicepresidente turco, el principio de la doble comunidad y el principio de separación de poderes. Francia e Italia tienen a la república como cláusula de intangibilidad, En Grecia lo son la república parlamentaria, la protección del valor humano, la igualdad ante la ley para los helenos, la prohibición de títulos nobiliarios, el libre desarrollo de la personalidad, la división de poderes y una larga lista de derechos. En Rumanía la indivisibilidad territorial, la república, la independencia de la justicia, el pluralismo político y la lengua oficial, sin que se puedan suprimir los derechos o sus garantías. Nosotros, en España, no contamos con cláusulas de intangibilidad establecidas en la Constitución. Por lo que, en teoría, todo es susceptible de ser reformado siempre que se realice por los procedimientos constitucionalmente previstos para ello.

En el marco de la Unión Europea, Bélgica, Dinamarca, Estonia, Holanda y Suecia, cuentan con un procedimiento similar al de España, que establece que la reforma de lo que pueda ser considerado como el núcleo básico de la constitución sea adoptada mediante mayorías parlamentarias reforzadas (normalmente 2/3) en dos cámaras sucesivas (con disolución de la cámara que decide realizar la reforma y subsiguientes elecciones). Grecia también, si en la primera votación de las cámaras no se llega a los 3/5 pero sí a la mayoría absoluta. En otros Estados se requieren dos votaciones (siempre con mayorías reforzadas) en sucesivos períodos de sesiones de las cámaras o dejando un período de *reflexión* entre una y otra votación; es el caso de Finlandia, Italia, Lituania, Luxemburgo y Polonia (en este último caso el período de carencia se sitúa entre el trámite de la reforma en la cámara baja y en la cámara alta). Estos procedimientos rígidos, con mayorías reforzadas, y que implican, además, la disolución de la cámara ¿han impedido la reforma constitucional? Clara y rotundamente no. La de Bélgica ha sido reformada más de 70 veces desde que, en 1994 se adoptó la Constitución vigente; a lo largo de su historia constitucional reciente, además, Bélgica ha pasado por seis Reformas de Estado, dirigidas a la federalización del país. La de los Países Bajos, que entró en vigor en 1983, ha pasado por una media docena de reformas. En Grecia, cuya Constitución data de 1975 se han hecho reformas específicas y una revisión general en 2001. Lo remarco porque se aduce, a veces, que el procedimiento de reforma establecido en nuestra Constitución constituye un impedimento para la misma. Está claro que no es el procedimiento lo que impide la reforma, sino la falta de acuerdo político para realizarla.

En España, este procedimiento —el más rígido— de reforma constitucional, que requiere, además de la mayoría de 2/3 en cada cámara, por dos veces puesto que, tras la primera decisión del Congreso y del Senado, se disuelven las Cortes y se realizan elecciones que tienen que volver a votar la reforma con la misma mayoría; se precisaría además de un referéndum nacional de ratificación. Ello afectaría a pocos de los aspectos que he considerado como susceptibles de mejora mediante reforma constitucional. Me refiero a la sucesión a la Corona y el tratamiento del consorte de la reina, a la federalización del sistema territorial y a ciertos puntos relativos al sistema de derechos. De los tres, el más complejo es el de la federalización, aunque no todo lo que este proceso federal implicaría necesariamente tendría que ser objeto de la reforma más rígida, pues la reforma concreta del Senado y de la distribución competencial y el funcionamiento de la federación, no precisan, por su ubicación actual en la Constitución de tal procedimiento. Recordemos, al respecto, la existencia de un procedimiento agravado y de otro que implica menor complejidad.

Ya se trate de iniciativa del Gobierno, del Congreso o del Senado o de un Parlamento autonómico, según el art. 168

CE, cuando se proponga una revisión total o una reforma que afecte al Título Preliminar (que contiene los principios básicos del orden constitucional), la sección primera del Capítulo 2 del Título 1 (donde se encuentran los derechos más protegidos jurídicamente) o al Título II (que regula la Corona), deberá realizarse un debate de totalidad, para adoptar el principio de la reforma, que deberá ser aprobada por los 2/3 de cada cámara, tras lo cual las Cortes deberán disolverse inmediatamente, dando paso a la celebración de nuevas elecciones. Aquí hay que señalar que podríamos evitar la realización de elección tras elección, rompiendo una legislatura, si se hiciera coincidir la votación del principio de la reforma con la finalización de la misma, pues ninguna disposición constitucional o legal impide que ello pueda hacerse así. Las nuevas cámaras que queden elegidas deberán ratificar la decisión y, tras la correspondiente tramitación de la propuesta, para que la reforma constitucional quede aprobada, serán necesarios, otra vez, los 2/3 de cada cámara. Posteriormente será necesario realizar un referéndum nacional vinculante.

En el resto de supuestos, la Constitución, en el art. 167, exige un acuerdo, en la votación final, por mayoría de 3/5, en cada cámara. Si no hubiera acuerdo entre ambas, es decir, que no se hubieran obtenido tales mayorías, que implican, como puede fácilmente deducirse, un amplio consenso, se intentará obtener mediante la creación de una comisión paritaria de diputados y senadores, que presentará un texto a cada una de las cámaras, las cuales deberán adoptarlo por la misma mayoría de 3/5. Si tampoco ello desbloqueara la situación, siempre que el texto hubiera obtenido la mayoría absoluta en el Senado, podría aprobar la reforma el Congreso por mayoría de 2/3. Si ello no se obtiene, la reforma decae y no se puede culminar. Si se aprueba, una décima parte de los miembros de cualquiera de las cámaras, puede solicitar, en el plazo de 15 días, la realización de un referéndum para que la reforma sea ratificada, es decir, que se trataría de un referéndum vinculante. Este ha sido, sin referéndum ya que no ha sido solicitada su realización, el procedimiento mediante el cual se han realizado las tres reformas constitucionales a que he hecho referencia.

Lo cual nos lleva a considerar que no es la regulación constitucional de la reforma lo que impide poner al día la Constitución sino la falta de voluntad política para conseguir las mayorías requeridas para ello, según sea lo que se quiere reformar. Se han obtenido los 3/5 necesarios para las tres reformas constitucionales sin mayores problemas, incluso en etapas tan *broncas* políticamente como la que ha rodeado a la última reforma, en plena discusión por los acuerdos de investidura y la ley de amnistía. Ello evidencia que el procedimiento no es el problema. Que el problema reside en la falta de acuerdo o consenso para afrontar lo que se tendría que afrontar.

O, también, en una especie de síndrome de Estocolmo sobre el referéndum que se necesita para abordar la reforma superrígida, que afectaría a las cuestiones más básicas. Existe un temor reverencial a consultar a la ciudadanía los asuntos de interés general. Y no es difícil explicarlo: el desconocimiento sobre las estructuras constitucionales es brutal. Y la manipulación que se practica desde las altas instancias más brutal todavía. Lo acabamos de ver con la filtración interesada de un borrador de la Comisión de Venecia, por parte del Gobierno, como si se tratara del texto definitivo del Informe que la Comisión prepara acerca de la proposición de ley de amnistía, tergiversando, además, el contenido de lo que la Comisión expresa. Claro, si desde el Gobierno, y sus medios voceros, se manipula de tal modo… es evidente que aquello de la ciudadanía formada e informada que reclama Bobbio como eje básico de la toma de decisión política no existe en absoluto.

La sencillez del referéndum, sin embargo, es aparente. Para que sea realmente operativa, esta institución debe obedecer, como los sistemas electorales, a ciertas reglas. Por ejemplo, la pregunta debe ser clara (dado que hay que responder sí o no, sin matices) y el ordenamiento jurídico debe permitir que sea hecha (hay materias que suelen estar excluidas, como por ejemplo las tributarias). Ello implica que hay que explicar muy bien a la ciudadanía lo que se quiere preguntar, que no hay que tener prisas y que se le tienen que proporcionar todos los elementos necesarios para que pueda decidir conscientemente y en libertad. Todo ello es necesario para que la expresión de la voluntad popular no responda a elementos plebiscitarios o emocionales, más cercanos a la adhesión o rechazo a los líderes que convocan la consulta que a la expresión de una opinión fundada sobre lo que se pregunta.

Por todo ello, hay que ser muy claros: se necesita reformar la Constitución y ello puede afectar a estructuras básicas que precisen del método *difícil* para conseguir, por dos veces, los 2/3 en cada cámara y, además, ganar un referéndum nacional. Eso en pocos temas, pero sensibles. En el resto, basta con el método ordinario de reforma, que implica contar con 3/5 del Congreso y del Senado (si no se consiguen, ya he explicado cómo superar el escollo o retirar el proyecto de reforma). Pero todo explicitado directamente, sin subterfugios, con debate público y claridad expositiva por parte de los políticos y de los medios de comunicación. No es aceptable hacerlo por vía de la mutación constitucional o la (des) constitucionalización.

Hace varios años publiqué un artículo, con el título de «La estrategia de la araña», el que anticipaba la sustitución planificada del orden constitucional, en forma sistemática, en aras de un nuevo régimen político que, sin necesidad, en principio, de cambiar la Constitución, la hiciera irreconocible y la adaptara a las finalidades que hoy ya han explicitado, cada uno a su manera, tanto una parte del PSOE como Sumar, Podemos, el secesionismo catalán y Bildu, es decir, la coalición gubernamental y sus apoyos.

Con una terminología confusa, así planteada porque son conscientes de que no cuentan con los mimbres necesarios para abordar un cambio o una reforma constitucional que respete los procedimientos internos y los criterios que la Comisión de Venecia tiene establecidos para ello, pretenden ir imponiendo mutaciones constitucionales como si de algo normalizado se tratara, desnaturalizando la división de poderes, la garantía de los derechos o la inserción en Europa (Unión Europea y Consejo de Europa).

El hábito o costumbre que tienen, a lo largo y ancho de su singladura, los partidos políticos españoles, cuando no obtienen mayoría absoluta para una investidura o para aprobar los presupuestos, o para adoptar la ley de amnistía, por ejemplo, y que consiste en *comprar* los votos que precisen para ello a cualquiera de los nacionalismos periféricos, debe terminar. No es de recibo que un sistema político democrático, el primero de larga duración de toda nuestra historia, esté pendiente de los partidos que pretenden la voladura de ese sistema constitucional, prestando sus votos, afirmativos o absteniéndose, a cambio de lo que en cada ocasión se haya decidido venderles. Ya va siendo hora de que el sentido de Estado, de pertenencia a una Europa cada vez más unida, comience a instaurarse activamente en la mente de nuestros políticos, pues da la impresión de que, por lo general, se está imponiendo el «viva Cartagena».

Es en este contexto que la mutación constitucional, o lo que es lo mismo, la voladura híbrida de la Constitución, trata de imponerse contra viento y marea. Se trata de un ataque al sistema en toda regla, solapado, pero firme y estratégicamente planificado. Ello comporta que no debamos fijarnos obsesivamente en un aspecto concreto, porque puede que, incluso, esté pergeñado como globo sonda o pantalla de entretenimiento para que, centrándonos en ello, dejemos de lado el conjunto. Los juristas estamos habituados a que la interpretación de las normas no se pueda realizar aisladamente, sino que, siguiendo la tradición más depurada, la sistemática kelseniana o el institucionismo, tengamos que efectuarla teniendo en cuenta el conjunto del ordenamiento en el que se insertan.

Pende de un hilo, muy fino, la misma persistencia de la democracia, porque no puede depender de aquellos que, llenándose la boca de ella, desprecian sus atributos cuando tienen el poder a su alcance. ¿O se creen, de verdad, que los secesionistas y populistas van a apuntalarla? ¿Se creen, de verdad, que con esos acuerdos, pírricos si se les contempla uno a uno, pero de alcance nuclear en su conjunto, serán más *progresistas*? ¿Se creen, de verdad, que con la compra de votos o el cambio de cromos podrán mantener los valores en los que se asentó esa democracia que, al menos hasta el presente, nos había permitido avanzar con ritmo destacado en el marco de los países que se reclaman de tal régimen? ¿Piensan que los procedimientos constitucionales, establecidos con certeza, no son válidos y que hay que sustituirlos por metodologías *de facto* que actúen sin luz ni taquígrafos?

El argumento de que las instituciones de resolución de conflictos constitucionalmente previstas no son válidas en las circunstancias actuales no es de recibo, puesto que existen y son aplicables. Con ese argumento se pretende instaurar el principio de considerar ilegítimo lo legal y democráticamente establecido por la Constitución. Quienes defienden esto, considerando que la ley no puede sujetar a la democracia, han de saber que ello es contrario radicalmente a los valores y principios básicos del constitucionalismo instaurado en Europa desde el fin de la Segunda Guerra Mundial, que se fundamenta en el Estado de derecho, la democracia y los derechos humanos. En todos estos sistemas, la democracia se ejerce dentro de los procedimientos legalmente previstos. Si no se actúa en el marco jurídico democrático previsto, nos situamos ante una estrategia de confrontación más propia del *far west* (o del periclitado *ancien régime*) que de los países civilizados de nuestro entorno.

Algunos se interrogan acerca de si con una reforma constitucional se podría dar una respuesta adecuada al *conflicto catalán*. De entrada, señalaré que no se trata de un *conflicto catalán*, sino de un conflicto que se está produciendo en España y que tiene repercusiones europeas, originado por el Gobierno de la Generalitat y la mayoría parlamentaria actual que, sin responder a una mayoría social, pretenden separar Cataluña del resto de España creando un nuevo Estado, dicen, en el marco de la Unión Europea. Los principales argumentos que se esgrimen para *justificar* esta secesión, se centran en la afirmación de que el sistema de financiación no responde a las actuales necesidades, que el autogobierno constitucionalmente previsto es insuficiente para las «aspiraciones del pueblo catalán» y que, por consiguiente, no han de ser acatadas las resoluciones de las instituciones constitucionales de resolución de conflictos, especialmente las que provienen del Poder Judicial y del Tribunal Constitucional. Centran, además, el problema en la adopción de una ley de amnistía que deje sin efecto las condenas, los procesamientos y demás acciones habidas en el marco del golpe a la Constitución que jalonó los años más *levantiscos* del denominado *procés*.

Además, el peliagudo asunto del denominado «derecho a decidir» o referéndum de ámbito catalán, cuya realización «sí o sí» en palabras del *president*, o «pactado» con el Estado según otros, constituiría una clara vulneración del marco constitucional vigente, puesto que no está jurídicamente previsto y rompe, además, el principio básico del Derecho de la Unión Europea de respeto a la integridad territorial de sus Estados miembros. En este contexto, la ruptura del *statu quo*, para que fuera legal y legítima, precisaría que fueran previamente reformados la Constitución y el Tratado de la Unión, cosa que no se quiere entender desde el secesionismo, que espera culminar en su favor la ley de amnistía y reiniciar el enfrentamiento contra España en un marco unilateral de actuación *de facto*.

Lejos, pues, de encauzar ese mal llamado *conflicto catalán*, lo que se está haciendo, porque la coalición gubernamental así lo defiende, es justificar el marco de actuación del secesionismo, asumiendo sus postulados. No se sabe si esta asunción es debida a que se tiene que «hacer de la necesidad virtud», como afirmó el presidente del Gobierno Sr. Sánchez, o a si realmente el partido socialista ha mutado sus principios socialdemócratas en principios identificados con el populismo nacionalista. Evidentemente, en este marco, ni hay claridad expositiva, ni se utilizan, para la toma de decisión, los procedimientos legal y constitucionalmente establecidos.

Se impone, pues, concretar qué cuestiones concretas se pretende reformar para determinar si ello precisa o no de reforma constitucional. Y ello sería un buen punto de partida para, al mismo tiempo, visualizar el grado de apoyo político y social que estas reformas podrían tener, pues quedaría dibujado el cuadro del diálogo, de consensos, o disensos, sobre estos temas. La determinación de estas reformas podría también constituir un ejercicio democrático de búsqueda de equilibrios, dentro del marco constitucional, o precisando si es necesaria su reforma. Es decir, permitiría clarificar si existen o no bloqueos y por parte de quién se producen. No olvidemos que los procedimientos de reforma constitucional son dos y que, aunque en la Constitución de 1978 no existen cláusulas de intangibilidad, la reforma es tanto más difícil y exige más acuerdo cuanto más espinoso resulta su objeto material.

Sin embargo, lejos de emprender un camino racional conducente a la identificación de los problemas y sus posibles vías de solución, reformas constitucionales incluidas en lo que fuera necesario, los guiños del Gobierno al secesionismo están siendo tan frecuentes en estos días como escasa la empatía mostrada por aquel con la sociedad catalana no nacionalista. Como si lo más importante, en todo este asunto, fuera el ir apaciguando los distintos fuegos que el secesionismo alumbró con la finalidad de posibilitar los hitos que el secesionismo pretende.

Como si nadie de ese Gobierno, que es quien tiene a su cargo la dirección política de los asuntos básicos, percibiera la compulsiva invasión, física y verbal, del espacio público por parte de toda la simbología secesionista/populista acerca de los presos políticos, incluyendo la falta, dicen, de libertades en lo que denominan la democracia española de baja calidad, mientras depuran a profesores que defienden una enseñanza sin adoctrinamiento y conforme al orden constitucional. Es posible que no lo perciban, pues no es frecuente su presencia en la Cataluña real, la que está asfixiada, cuando se ponen a ello, que no es siempre sino sólo cuando les conviene, por los comités de Defensa de la República o los restos del *tsunamic democrátic*, la que tiene que aguantar día a día, rotonda a rotonda, balcón municipal tras balcón municipal, tertulia a tertulia, escuela tras escuela, entrevista sobre entrevista, todo lo que, para el secesionismo, constituye una muestra palmaria de la progresiva conquista de su república. No pretenden reformas constitucionales, pretenden imponer su nacionalismo etnicista/nativista mediante lo que denominan «estructuras de estado» y, entre ellas, la puesta en marcha de instancias de negociación y decisión que estén al margen de los procedimientos constitucionales. En este contexto, pretender que con reformas constitucionales entrarán en la senda del acuerdo basado en el interés general, es absolutamente naif, además de contraproducente.

¿Quieren decirme nuestros políticos, especialmente en la izquierda, pero no sólo en ella, cómo se puede pretender cambiar las estructuras institucionales o establecer las medidas de regeneración política que la sociedad demanda, sin un gran pacto que no conlleve dividir, otra vez, por mitades irreconciliables a la ciudadanía?

¿Cómo quieren hacer una reforma constitucional, con todo lo que conlleva, necesitada de amplias mayorías, contra una parte del espectro político? ¿Es posible, hoy en día, tener constituciones de izquierda o de derecha? ¿Ha estudiado alguien, entre nuestros políticos, cómo cada vez que, en democracia, se ha utilizado la constitución como arma arrojadiza contra el otro, el experimento ha derivado en el más rotundo de los fracasos?

¿Alguien se cree que llegar a acuerdos amplios sólo implica contar escaños y ver cómo se llega a mayorías numéricas que, desde cualquier bando, lo que se pretenda es no dejar que gobierne el otro? Basta con mirar qué sucede en nuestro entorno europeo. No en Venezuela, ni en Argentina o en Corea del Norte. Más cerquita, aquí mismo, al lado casi. Aquí donde cuando se hacen pactos, a veces ideológicos, a veces de amplio espectro, se nombran comités de expertos mixtos y se acuerdan programas. Muchas veces, sobre todo en los acuerdos amplios, es necesario analizar concienzudamente en qué se coincide y en qué se discrepa, cuáles son los elementos precisos absolutamente necesarios para llegar al acuerdo y en qué puntos concretos va a ser imposible alcanzarlo. Se fijan también los objetivos mínimos a alcanzar e, incluso, se hace una programación o cronograma temporal, dado que, si el trabajo se hace seriamente, todos los implicados son conscientes de que todo no se consigue a la vez ni en el mismo tiempo. Pero, ¿es esto lo que aquí y ahora se está haciendo? Rotundamente no. Al menos, nadie plantea públicamente nada de esto. Sólo hacen cuentas. A vueltas, otra vez, con la regla de la mayoría.

Observando la vida política de los Estados de la Unión Europea, se aprecia que la inmensa mayoría se rigen mediante gobiernos de coalición. Ello significa que la fragmentación parlamentaria es la situación normal y que no resulta nada extraño que las distintas fuerzas políticas lleguen a acuerdos de gobierno, los estudien, los decidan y, además, los cuelguen en Internet, en la web del Gobierno normalmente. Eso es lo normal. No lo que sucede aquí, entre nosotros, donde la cultura del acuerdo brilla por su ausencia, si no se trata de un acuerdo que cree una parte dispuesta a jorobar a otra.

De los 27 Estados de la Unión Europea, a día de hoy, en pocos de ellos hay gobiernos representando a una sola opción política. Además, en la mayor parte de Estados miembros de la UE, los gobiernos son de coalición. Teniendo en cuenta los ejes tradicionales de izquierda y derecha (otra vez la *vieja política* me dirán, pero es que sólo los que quieren ser la *nueva política* usan esa terminología vacua que, novedades lingüísticas aparte, no tiene ningún significado concreto) se puede apreciar que existen acuerdos amplios, con componentes mixtos, de esos que aquí y entre nosotros, parece que sean imposibles de lograr porque nuestros políticos los muestran como si conllevaran elementos de traición de unas esencias que, lamentablemente, el resto de los mortales no vemos por ningún lado. Aquí se trata de que un *bando* impida que gobierne *el otro*, aunque el componente del *bando* constituya una amalgama de siglas y de opciones políticas que, por definición, resultan incompatibles.

¿Cómo podemos considerar homologable con esas coaliciones europeas una coalición gubernamental, con apoyo parlamentario, que incluya socialistas, secesionistas, populistas y todas las -istas que puedan ser útiles para poder tener esa mayoría de mitad más uno a la que consideran legítima sólo por basarse en la mayoría numérica?

En la Unión Europea, liberales, democristianos, socialistas, socialdemócratas e, incluso, partidos que representan a minorías, a sensibilidades ecologistas o a nacionalismos moderados, consiguen entenderse entre ellos, acordar programas comunes y, excepto en el caso de Bélgica, donde estuvieron más de un año *estudiando* la formación del gobierno, en el resto, tras varios, la mayor parte de las veces escasos, meses de trabajo parlamentario, se fraguaron acuerdos de legislatura que han permitido formar gobiernos estables y coherentes. Por eso en la mayor parte de los países de la UE, salvo contadas excepciones, las reformas constitucionales suelen culminar en buen puerto.

En el caso de España sería necesario reflexionar sobre cómo organizar el acuerdo o consenso para llevar a ese buen puerto cualquiera de los dos tipos de reforma que nuestra Constitución ha previsto, la simplificada o la reforzada.

Ya la propia iniciativa de reforma constitucional parece indicar que sería necesario comenzar con un acuerdo que fuera más allá de una decisión tomada en un solo partido político, por más que este tuviera una gran mayoría parlamentaria. Parece indicarlo, porque de otro modo no se entiende por qué, cuando la iniciativa es parlamentaria se precisan como mínimo dos grupos para ejercerla y por qué, en la iniciativa parlamentaria o gubernamental, se necesitan mayorías muy reforzadas (3/5 o 2/3, según cada tipo de reforma). Seguramente aquí se ve la influencia que tuvo en nuestros constituyentes el propio funcionamiento consensuado que jalonó la elaboración de la Constitución.

En realidad, si tenemos en cuenta lo sucedido durante la Transición, el consenso no se limitó a los grandes partidos, que sí estuvieron en él, sino que se extendió a otras fuerzas políticas, como el Partido Comunista o los nacionalismos periféricos, queriendo integrarlas en el sistema democrático.

Nótese, además, que no está previsto que la reforma constitucional pueda iniciarse mediante la iniciativa legislativa popular (que implicaría la recogida de al menos 500.000 firmas acreditadas respaldando la propuesta), ya que la Constitución no incluye esta iniciativa entre las de reforma constitucional. En el fondo, lo que la Constitución parece buscar es un amplio consenso político ya desde el mismo momento de la iniciativa. Aunque, si la iniciativa proviene del Gobierno, en este caso, nos encontramos con una propuesta unilateral. Quizás ello explique el fracaso de la reforma constitucional que el partido socialista llevaba en su día en el programa electoral y que no pasó más allá del dictamen del Consejo de Estado. También hay que señalar que no se puede realizar la reforma constitucional en tiempo de guerra o cuando estén vigentes un estado de alarma, excepción o sitio.

Dos son los aspectos que, a mi juicio, deben resaltarse en todo lo que afecte a la reforma o revisión constitucional. Por una parte, la formación de acuerdos o consensos. Por otra parte, en su caso, la realización del referéndum. Lo repito hasta la saciedad, porque sin tenerlo en cuenta es imposible plantear ningún tipo de reforma que no sean las tres reformas puntuales que hemos realizado en nuestra Constitución.

Sería bueno, en mi modesta opinión, aunque no fuera numéricamente indispensable que, si vamos hacia una reforma constitucional, se intentaran consensos amplios, que hicieran posible aquel principio no escrito, pero que tiene su lógica, de que la reforma constitucional fundamentaría mejor su legitimidad si fuera fruto de un consenso similar al que existió en la adopción del texto primigenio. El problema mayor, al respecto, reside en si el clima político que ahora mismo estamos viviendo, con un Gobierno capaz de los mayores desaguisados para mantenerse en el poder, propicia los mimbres necesarios para emprender ese camino.

Este libro, por encomienda de la editorial Almuzara, se terminó de imprimir el 7 de junio de 2024. Tal día, de 1958, en España se produce el primer asesinato de la banda terrorista ETA en el que fallece el guardia civil José Pardines.